大展好書　好書大展
品嘗好書　冠群可期

大展好書　好書大展

品嘗好書　冠群可期

養生保健 60

太 極 拳
養生內功心法

附DVD

馬金龍　著
唐來偉

大展出版社有限公司

創始人李瑞東（1851～1917年），字文侯。曾任清廷四品帶刀侍衛。開創了李式太極拳先河。

第二代傳人高瑞周（1900～1958年），字金城，河北武清人。李瑞東之閉門弟子，於1947年將李式太極拳傳入北京。

第三代弟子馬金龍（1934～），北京人。高瑞周弟子，中國武術八段。2004年成立北京市武術協會李式太極拳研究會，任會長

吳彬教練和北京
武術院副院長毛
新建先生為李式
太極拳研究會成
立揭牌

門惠豐教授在北
京市李式太極拳
研究會成立大會
上講話

作者被推選為李
式太極拳研究會
會長

弟子們表演李式
太極拳

作者年輕時的練功照和滑冰照

李式太極拳「李瑞東碑」立碑揭幕儀式

2005年，由作者倡議為李瑞東祖師建立紀念碑。作者及副會長李鐵昌帶領歐洲弟子赴武清禮拜祖師。

前排右起：李鐵昌、普禮凱、馬金龍、李晨海（李瑞東四代曾孫）、賈士文。後排左一為李春華（李晨海之子）

為了紀念祖師，2009年舉辦了北京市「李瑞東杯」武術太極拳比賽，作者師徒現場留影

作者與夫人王玉蓉喜收普禮凱（瑞士日內瓦功夫學校校長）為李式太極拳入門弟子

在澳洲的收徒儀式上，作者接受弟子的拜師帖

最後一次收徒儀式，作者與新入門弟子的合影

普里凱校長帶領歐洲學員來京學李式太極拳。在北京人定湖公園晨練

2007年，隨好友吳彬教練赴澳洲講學，傳授
李式太極拳32式，吳式太極刀等

與澳洲唐來偉武館館長唐來
偉先生合影

與好友吳彬教練赴澳洲
唐來偉武館講學
左起：曹躍（吳教練的
學生）、吳教練、馬金
龍、王德明老師

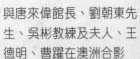

與唐來偉館長、劉朝東先
生、吳彬教練及夫人、王
德明、曹躍在澳洲合影

與瑞士、法國、日本弟子合影

指導非洲學員習練李式太極拳

與澳洲弟子顏龍豪合影

澳洲學員在練習李式
太極拳

作者簡介

馬金龍，男，1934年生，北京人。中國武術八段。北京市武術運動協會理事，北京市西城區武術專業委員會名譽會長，北京市老年太極拳協會顧問，中國藝術研究院武術文化委員、特邀研究員。李式太極拳第三代傳人，李式太極拳研究會創始人之一、首任會長。曾任山東省青雲山武術館顧問、山東省萊州市華夏文武學校武學校長、北京市勞動人民文化宮武術隊教練、北京市通縣騰龍武術學校教練。2012年5月被聘請為山東膠州徐學義武學研究院名譽院長。

自幼酷愛武術，先後投師於李式太極高瑞周、臨清彈腿馬玉清、查拳名師常振芳、吳式太極王培生、第三代李式太極任萬良等學藝。博採眾家之長，苦苦修煉60餘年而不輟。多次參加區、市

級武術比賽，名列前茅。1981 年參加由市體委組織、李佩雲帶隊的在瀋陽舉行的全國民族形式武術觀摩交流大會，獲得李式太極拳第一名，為北京隊奪得一面金牌，次日北京的報紙刊登了這一消息。

現有中外入門弟子 161 名，分佈在全國各地及瑞士、澳洲等國。再傳弟子一百多名。近年來應邀赴波蘭、日本、澳洲及香港等國家和地區進行表演、講學，傳授中國武術，影響頗深。為了繼承、弘揚和發展太極拳而著書立說，由人民體育出版社出版的著作有：《太極五星捶》《李式五龍拳》《李式太極劍》《李式二十二式》《鐵襠功》等，同時由廣東俏佳人音像錄製了光碟。由北京華視偉業音像錄製了吳式太極拳三十七式、吳式六十四劍、吳式十三刀、李式二十二式。由北京武術院、北京市武術運動協會出版了《李式太極拳三十二式》，此套路被列入《中國傳統武術入門套路》中英文對照（精華版），定為中外推廣普及教材。《太極五星捶》一書已由中國數字圖書館收藏。2005 年由人民體育出版社周荔裳老師推薦給美國國際太極拳雜誌，刊登了兩期，在此表示感謝！

　　唐來偉，1963年生於北京，武英級運動員，武術七段。

　　1971年進北京市什剎海體育運動學校，隨吳彬教練習武。1974年成為北京第一批武術運動員。1981年至1986年期間，獲得第3屆全運會及全國武術比賽雙刀、槍術、對練亞軍共7次、第三名兩次，男子全能第五名。共獲獎牌30餘枚。為北京隊團體冠軍主力隊員之一。

　　1986年通過「武英級」標準，先後隨中國武術代表團出訪日本、坦尚尼亞、博茨瓦納、盧安達、英國、西班牙、愛爾蘭、美國及香港等國家和地區。後移居澳洲。現任澳洲墨爾本太極人生武術館館長。

序 言

　　馬金龍老師是我在北京武術界中的好友之一。
他雖然從事的是電力方面的工作，幾十年來常年奔
波在外省，工作也非常艱苦，但由於他酷愛武術，
常年不懈地堅持練武，不僅練就了一身好功夫，還
從中學到並領悟出了一套修身養性的功法。

　　馬老師創編的功法練習，是以導引養生為主
體，尤重養性，使練功之人能得到心理鍛鍊和精神
修養。它包括對人的思想、品德、文化、處世等各
方面修養在內的修煉方法。他在練功過程中把武術
動作和功法相結合，更有自己的獨到之處。

　　馬老師謙虛好學，曾拜李式太極拳第二代傳人
高瑞周先生和吳式太極拳名家王培生先生為師，勤
學苦練，一生受益匪淺。

　　這本書是馬老師為了滿足澳洲武術愛好者的要
求，和我的學生唐來偉先生合作發表。李式太極拳
系列《養生健身內功心法》是一本好書，希望能在
我國全民健身運動中發揮更好的作用。

序 二

在中國五千多年的文明歷史中，幾乎所有經典傳承都是幾代研習者的結晶，馬金龍老師的功夫能夠達到「天人合一，道法自然」的境界也如是。

馬老師編輯、整理的這套養生健身練功方法，是他幾十年練功和實踐教學中悟出的心法，要是在過去這就是秘訣。當今，馬老師傾囊而出傳播給大眾，而且把我也列入其中，真是對我的極大鞭策和鼓勵。

我7歲習武，在國家的培育下，在吳彬教練的拉扯下長大。他是一位睿智之師，在上世紀70年代，他經常邀請諸多門派老師來傳授各派武學給我們，使我有機會向馬老師學習五龍拳，幾十年來一直記憶猶新。

幾年前吳教練、馬老師來墨爾本傳授武術。馬老師每天聞雞起舞，我看到後就向馬老師提出，如能將您那套養生功法整理出來，我會翻譯英文來推廣。馬老師很快在眾弟子的協助下整理出書，這也是給予我的一門寶貴功課，讓我終生受益。

　　這套功法沒有華麗言辭，但實用價值極高。練習時一定要用心體會，就會身受其益。例如「悠腿功」，簡單易練，練拳時膝關節承受的壓力很大，常練悠腿功對膝關節承受的壓力是一大解脫。功法中諸多動作都是馬老師幾十年用心磨鍊而成的，我希望大家隨書練時一定要用心去練，用心體會，肯定會有意想不到的收穫。

　　前幾年馬老師來墨爾本時收一年輕弟子顏龍豪，給李式太極拳在澳洲傳播推廣留下了根基，我會和他一起用心把這本書翻譯成英文。「武術源於中國，屬於世界」，這是徐才主任的名言，我們應該遵循他老人家的話去做，讓更多的人享用馬老師的經驗，讓更多人分享武術的精華。在此，謝謝馬老師給我這門寶貴的功課！謝謝馬老師弟子們的幫助！

唐來偉

前 言

養生、健身是當今社會的時尚,其實由古至今一直都是「時尚」。歷代國之棟樑、書畫家、詩人等等「大家」都是養生健身的「大家」。中國傳統道家思想「天人合一,道法自然,尊道貴德,養生貴生」的精核理念,不僅是中華哲學思維體系之築基、中華社會理性架構之法式,而且也一直在指導著所有修行者在人生旅途中所必然派生的種種困惑中走出來,成為智者,進而長生久視……

武術是在佛家、道家養生的核心理論指導下的軍事武藝、自衛、健身以及競技的方法。華夏民族在尚武崇德、修身修心中不斷地錘煉著與傳承著國之瑰寶。

進入新世紀,我們要以科學技術的實證觀念來印證傳統的中國道家理念的科學性、前瞻性,同時也要用現代科學技術發現傳統民間武術健身存在的問題,這是擺在我們每一個中華武術健身、養生傳承者和武術健身科研工作者面前的新課題。

我自幼酷愛武術運動,曾拜五位名師學練內、

外家各種拳器，歷經60多年的學習和自悟，在前人的經驗和腳步裡，提煉出中華武術諸多門派精髓，總結了一套簡單易學的養生、武術健身功法。此功法在20多年前就形成了，始終未系統整理，但自己從未間斷實踐和傳授學生，自己和學生在實踐中受益匪淺。直至最近，在武林好朋友的敦促下，整理成冊。

這套教程要求初學者有較強的基本功，在練好李式太極拳的「入門套路」及吳式太極拳「入門推手練習」的同時，重視內功心法和太極拳的結合。

基本思想：在嚴謹的、科學的態度指導下，在避免出現任何對身體損傷的前提下進行訓練。把導引養生、武術基本功訓練、太極拳、太極推手，系統地、有機地、循序漸進地結合起來，形成一個現代養生健身、太極拳為一體的全民推廣教程。

教程共分四個部分。

其一，靜功——預熱。

通經絡先祛病，舒筋活血避損傷。先從自身整體、由頭到腳按摩入手，結合氣功導引、易筋和武術基本功相結合的原地操作。操練包括按摩、循經擊拍、導引、調息、練氣、椿功、襠功、筋骨的抻拉等。

其二，預熱——啟動。

預熱後，進行武術的動轉基本功訓練，主要針對身體骨骼、韌帶、肌肉進行抻拉的協調訓練，促使血液加速循環達到預熱、放鬆和保護以免損傷的目的，給盤拳練架打下良好的基礎。

其三，健體——盤架。

熱身後，再規規矩矩地去盤拳。我們選擇了李式太極拳三十二式為初學入門套路。因李式太極拳的特點舒展大方，造型美，尤其重視腿的鍛鍊，延緩腿的衰老。有關李式太極拳的歷史和創始人請看附錄。

其四，知彼——推手。

練太極拳必須學推手，因為推手和盤架是太極拳一個整體的兩個部分。推手是太極拳的高級階段，練的是知覺運動，使神經末梢有高度的靈敏性。盤架是體，推手是用，體用兼備達到最好的鍛鍊效果。推手採用了王培生先生吳式太極拳的操練方法，注重養生，適合全民健身，特別是中老年朋友。

撰寫此套教程的起因是在2007年春我和好友吳彬教授一同去澳洲唐來偉開設的墨爾本太極人生武術館講學。吳彬教授針對武術基本功進行傳授。

吳彬是我國著名武術教練，他的嚴格科學的訓練，為我國培養出了一大批武術頂尖級人才，唐來偉是其中之一，還有大家都熟悉的國際影星李連杰。我在澳洲唐來偉武館主要講李式太極拳和吳式十三刀。我每天清晨操練「內功心法」，武館館長唐來偉看了之後說：「這套功法不錯，應該整理成冊後普及推廣，我負責翻譯成英文，中英對照，以便在澳洲推廣。」我欣然接受，並表示願為中澳「武術界」友好交流做點事情，開始逐步編輯整理了此部分內容，並彙集其他功法套路成書。

著名吳式太極拳名家楊禹廷前輩說：「練太極拳是先減後加。」即先減去自己身上的疾病，身體健康了才能練出功夫。拳諺有「練拳不練功，到老一場空」「練拳不踢腿，等於冒失鬼」的說法，所以在練拳之前必須先練內功和基本功，排除干擾和雜念，調整心態，運用「以操帶修」的「內功心法」，使得心態平和，氣血暢通，各肢體關節、韌帶、肌肉預熱放鬆。充分發揮其體能張力，促使身心協調一致。

這本書的初衷，除了系統地闡述「一陰一陽之謂道」的太極拳拳論理念外，還講解了太極拳以柔克剛的動作要領、「靜」與「動」舒緩運動中，調

理自身氣血運行的方法、勁與力原理與使用等等，運用圖文、錄影科學地展示了動作技術要領，使得練習者在明理的基礎上，體用兼備的訓練。

在宣傳正確的全民健身運動同時，告訴大家如何練好太極拳，才能起到養生健體作用；要注意哪些事項，才能有益無害；太極拳與養生內功如何系統地、科學地結合訓練，並能創造出醫療、養生、健身的功效。

經多年實踐驗證，對患有頑固性頭痛、關節炎、頸椎病、神經衰弱、便秘、腹瀉、腸胃病、腰疼、乳腺增生、胸悶、腎虛、心腦血管等諸多病症有不同程度的預防、緩解及治療作用。只要長年堅持不懈地操練必有驚喜效果。筆者在長年的學拳、練拳、授拳實踐中，積累了一些正反兩方面的經驗，願將自身點滴經驗奉獻給熱愛太極拳、注意養生健身的朋友們分享。

此書成文得到吳彬教授的贊許，專門提寫序言和為本書題詞；2008年《武魂》雜誌刊載了此書；我師弟劉俊驤的《武術文化與修身》一書中載入了其中的「組合樁功」；八旬弟子畢洪在長年操練、親身體驗的基礎上寫了心得和受益實例（本書附錄）；本書寫作過程中得到周荔裳老師和陳惠良

師兄的幫助和指點；弟子張秀香、丁淇、高煒、田耀華、左平、許靜、張予東、鄒宏、劉萬成、張寶林、余泰易等為本書作示範、打字、攝影、解說和事務性的工作。在此一併表示感謝！

望武林朋友和太極拳愛好者多提寶貴意見。

馬金龍

目　錄

第一部分

養生內功心法

內功養生，主要是武術基本功為主與內功心法相結合，以導引配合呼吸，達到內外兼修的目的，要從最基本的抻筋開始。

一、壓　腿

1. 正壓腿

左腿抬起與胯相平，放在支撐物上，與右腿相距約一腿遠，支撐腿要直，再換右腿，身要正，被壓腿向後坐胯，往前探身，雙手握住腳掌，腳尖回勾，用下頦找腳尖，來回抻拉100次。（圖1－1）

【作用】有「筋長一寸，力長十分」和「筋長一寸，增壽十年」之說。壓腿對內臟還大有好處，

圖1－1　正壓腿

不可忽視。腿上沒有功夫練不好拳。人老先老腿，
要重視腿的鍛鍊。

【注意事項】在抻拉過程中不要強求，根據自身條件循序漸進，不要用力按壓膝蓋，以免關節、肌肉、韌帶拉傷。

2. 側壓腿

側身直立，左腿高抬，放在支撐物上，與右腿相距約一腿遠，右腳尖外撇，向右轉腰回頭，將後背貼在大腿上，左臂放在左腿裡側，右臂上舉手找左腳尖，腳尖回勾找小腦。來回抻拉100次，再換右腿。（圖1－2）

【作用】開胯，在拳式中常見，胯關節大轉子

圖1－2　側壓腿

靈活擺動，對兩腎和肝脾臟起到按摩作用。

【注意事項】不要強求，避免拉傷。

3. 獨立悠腿

取獨立式，將被悠腿的大腿抬平，小腿下垂，同時兩臂向兩側抬起，高與肩平，立掌外撐，目視前方。來回悠晃81次，再換腿。（圖1－3）

壓腿的目的是使韌帶拉長。從養生講，疏通陰蹻陽蹻二脈，從練拳講，增強下肢的靈活性和功力。另外，悠腿能使膝關節在不受力的情況下進行按摩，能緩解關節炎和預防關節痛。獨立增強平衡力度，同時又鍛鍊了小腦。

兩臂平抬、雙掌外撐能緩解頸椎病變，能使頸

圖1－3　獨立悠腿

椎發熱，預防頸椎病。左腿操功完畢，再換右腿，程式相同。

二、下塌掌、走圈

常言道：「常吃素，多走路」「要管住自己的嘴，要放開自己的腿。」腳是人身第二心臟，五臟六腑全在腳下，所以平時就要注意腿腳的鍛鍊。

本功法吸取了八卦掌下塌掌的動作，方法是：意想地上劃一圓周線，8步一圈，大者不限。由乾位開始（西北），先向左轉100至300步，根據天氣而定，轉到坤位（西南），做擺扣向回轉，步數相同。

要求立身下蹲，根據自己的腿功而定高低，不要勉強。舌舐上齶，呼吸自然伸長。向左走，右腳走弧形，腳尖內扣、大趾落在弧線上。左腳直出也落在弧線上。腳尖禁止上翹，要平出遠邁，雙膝相摩，目順左肩頭遠視。（圖1-4）

圖1-4　下塌掌、走圈

形似「雞踏雪，馬趟泥」。同時雙肩相抱，肘微屈，掌心朝下，食指尖相對，指間自然分開，成一弧形，置於腹前，意想手心欲貼地，形似推磨一般。

【要領】「空胸拔頂下塌腰，扭膝擺胯抓地牢」。胸空背自圓，氣貼脊背，用後胸呼吸，頭要正，頦收頂自提，欲想百會接天，頸椎自然疏直，腰要下塌，使腰落在胯上，兩肋要鬆，收臀肛自提，膝胯隨腰扣擺自如，五趾抓地。

【作用】透過機械的方式對腳底進行按摩，會感覺腳下發熱，逐漸傳到小腿肚而達到膝關節。又以空胸、收臀、提肛而疏通督脈，使腰部發熱傳到夾脊。久而久之臟腑受益。對腎虛腰痛、頸椎病、關節炎等都有緩解和預防作用，可謂「任督經通百病不生」。

圖1-5　捧氣貫腹

走夠數到坤位（西南）擺扣往回走，和左轉數量相同，到乾位停住，做捧氣於小腹。（圖1-5）

做深呼吸3次，隨動作呼氣時口吐「吹」字，不要出聲，同時意想兩腎，吹通腎。

三、搓摩兩腎

腎的位置在腰椎第二節下命門穴左右旁開1.5寸處腎俞穴。

取站式或坐式均可。雙手鬆握拳，用食指根部至腕關節第四指骨內側靠近合谷穴部位，對準兩腎橫向螺旋往返搓摩81次。（圖1-6）

然後雙手食指伸開、合併，用指骨對準命門穴下至長強穴。上下往返，搓熱為止。（圖1-7）

【作用】腎臟為先天之本。中醫講：腎主骨、骨生髓、髓補腦。此部位對身體的強弱至關重要，

圖1-6　搓摩兩腎　　　圖1-7　搓摩兩腎

是道家修煉的關鍵部位,稱為「命」。按五行說,腎屬水,水能生木,肝屬木,木能生火,心屬火,火能生土,脾屬土,土能生金,肺屬金,金能生水,腎屬水。

腎臟強壯能帶動其他臟腑健康,起到良性循環的作用;相反,腎臟衰,就影響心臟,因水剋火,心臟衰影響肺臟,因火剋金,肺臟衰影響肝臟,因金剋木,肝臟衰影響脾臟,因木剋土,脾臟衰影響腎臟,因土剋水,造成惡性循環。

所以在練太極拳時,總是強調用腰帶動四肢。古拳論中多處描述腰的重要性,如「腰為纛」「腰似車軸」「命意源頭在腰隙」「一身之勁在於腰」「刻刻留心在腰間」「腰為主宰」等等。

不管是從養生上,還是從技擊上講都強調主宰於腰,說明腰的重要性。經常搓摩兩腎,對虛勞羸瘦、面目黃黑、腎虛腰痛、夢遺滑精、赤白帶下、月經不調等多種疾病都有緩解和預防作用。

四、紮頭按摩

紮頭按摩治百病。人體的最高點「頭」「腦神經」,是人體一切活動的總司令部。

頭部的穴位,《針灸大成》始列「經外奇穴」

一門，載有144穴之多。與人體五臟六腑對應的穴位都集中在面部、鼻梁區域、耳部和髮內。人們往往注意四肢的鍛鍊而忽視頭部和頸椎的鍛鍊，而重視腦神經的鍛鍊是人體健康的關鍵之關鍵！

出家人的坐禪，實際上就是進行腦神經的鍛鍊。「打坐功夫不在多，全憑練氣與降魔，且將障礙一齊去，勿使心頭有網羅。」說的就是排除一切雜念，使大腦高度安靜下來，並鍛鍊腦神經。這是靜態的練功方法。

我採取的是腦部鍛鍊的動態練功方法。使頭部低於心臟進行強制性的機械按摩方式對頭部腦神經進行鍛鍊。

人們日常生活當中體位多為直立，中老年人由於氣血趨於衰退而推力不足，會造成頭部缺氧、缺血和微循環障礙。致使出現大腦遲鈍、動作遲緩、記憶力衰退等現象。

透過強制性的紮頭方式訓練，降低頭位，按摩有關穴位和輕度擊拍，來緩解毛細血管的堵塞而達到腦神經的鍛鍊，使人體延緩衰老。但有的人怕紮頭，紮頭就暈，說明部分的腦神經出現不健康的現象了，對此自己要注意，要掌握尺度鍛鍊，不要強行，也可以採取立位按摩。

【操練程式】

1. 兩腳併攏，下腰紮頭。（圖1－8）

將雙掌搓熱，扶貼在下頦，往上經嘴、鼻、臉、眼至上額向兩側分開，經太陽、頭維、耳回至下頦為一次，進行搓摩30次，稱「乾洗臉」。

【作用】經常乾洗臉，對顏面抽痛、頭痛目癢、耳聾耳鳴、目眩、口眼歪斜、中風口噤、口瘡口臭、眩暈等多種疾病都有緩解和預防作用。

2. 體位不動，將左掌橫置額頭，右手壓在左手背上。（圖1－9）

從左太陽經左頭維、右頭維穴至右太陽穴，往返搓摩30次。

3. 將雙手魚際穴搓熱，對準眼的睛明穴。（圖

圖1－8　紮頭乾洗面　　　圖1－9　搓摩前額

1-10）

經攢竹穴、瞳仁、承泣穴至魚尾紋穴向上經絲竹空，再回至睛明穴，為一次，搓摩30次。

4. 將雙手魚際穴移至鼻孔兩側的迎香穴。（圖1-11）

上下搓摩30次。以上三式的作用，除了包括1式的內容之外，對鼻塞、息肉、喘息、浮腫、風動面癢等都有緩解和預防作用。

圖1-10　搓摩眼部　　　　圖1-11　搓摩迎香穴

5. 將雙手中指指肚併攏，貼在鼻尖處，順鼻梁向上至額頭髮際，上下搓摩30次。（圖1-12）

【作用】鼻體從上到下劃分三條線，第一條線是鼻梁正中，從上到下包括9個刺激點：1. 頭腦；

圖1-12　搓摩鼻梁

2. 咽喉；3. 肺；4. 心；
5. 肝；6. 脾；7. 腎；
8. 前陰（外生殖器）；
9. 睪丸、卵巢。

　　第二條線，鼻梁兩
側，從中至下包括5個
刺激點：1. 膽；2. 胃；
3. 小腸；4. 大腸；5. 膀
胱。

　　第三條線，在鼻梁兩側從根部往下，共9個刺
激點：1. 耳；2. 胸；3. 乳；4. 項背；5. 腰背；
6. 上肢；7. 胯股；8. 膝脛；9. 足趾。

　　整個鼻梁區共有穴位37個。五臟六腑四肢都
在鼻梁區，如果某點有
痛覺，說明有病變發
生。

　　6. 將雙掌蓋住兩
耳門。（圖1-13）

　　向上搓摩經掌根搓
過耳輪，再回撤貼壓在
耳背，將耳門折蓋住往
回搓經手心至手指尖，

圖1-13　搓摩耳部

搓過耳輪使耳恢復原型再往上搓，往返搓摩30次。

　　耳的形狀猶如母腹內的胎兒，頭朝下，腹在上。全身內外都在耳上，共有30多個刺激點。中醫針灸有耳針療法。其分佈的區域，如上肢的病痛，多反應在耳輪與對耳輪之間的耳舟區，如手指、腕、肘、肩、肩關節、鎖骨、頸等。

　　下肢的病痛多反應在耳輪上下腳和三角窩區。如腳趾、腳跟、膝、臀、坐骨神經點、前後陰、尿道等。

　　軀幹區：腰、背、胸、腹部病痛多反應在耳輪邊緣及其高起處，如腰椎、胸椎、頸椎，以及腹、胸等。

　　頭面區：頭面部病痛多反應在對耳屏、耳垂及其屏部的外面，如後枕、前額、上齶、下齶、面頰、下頦、眼睛、內鼻、咽喉等。

　　胸腔區：胸腔內在病痛，多反應在耳輪腳之下的耳甲腔部，如膈肌、賁門、食道、口腔、肺臟、心臟等。

　　其他對全身能起重要影響的器官多反應在對耳屏的邊緣及內面，如皮質下區，內分泌腺、腎上腺。對耳輪隱端，相當於交感神經索。由此可見耳部的按摩不可輕視。

圖1-14 旋擰耳輪部

7. 接上式。體位不變,將拇指放在耳輪內上側,食、中、無名指放在耳輪外上側。(圖1-14)

同時握緊向內旋擰5～8次,再將拇指放在耳垂外側,食指放在內側握住,兩手同時向外抻拉5～8次。(圖1-15)

再將拇指放在耳背後,食指放在耳門處,上下搓摩30次。(圖1-16)

耳背可降血壓,耳門可補腎。然後用食指尖在

圖1-15 抻拉耳垂

圖1-16 搓摩耳背及耳門

耳輪內各個角落撚摩一遍。（圖1—17）

　　再將食指尖放在耳腔向裡擠壓。然後猛然拔出，共進行3次擠壓。（圖1—18）

圖1—17　撚摩耳輪內

圖1—18　擠壓耳腔

　　8.擊拍頭部，順序：閉眼，用雙手食、中、無名指指肚對準眼球部位，輕輕擊拍30次。（圖1—19）

　　然後用全掌輕拍面部，由眼逐漸向四周擴散，向上、向外、向下散佈到整個臉部進行擊拍3圈。繼續拍向頭

圖1—19　拍眼臉

圖1-20　拍頭頂

頂，右掌拍向頸椎根部，左掌拍向前額神庭穴。（圖1-20）

然後右掌拍向頭頂百會穴，左掌拍向左耳門上部，右掌繼續拍至前額神庭穴。左掌繼續拍至頸椎根部，再拍至百會穴，右掌拍至右耳門上部至頸椎根部為一周。要連續擊拍3周。

【作用】頭部的穴位上百個，很多病都可反應在發內頭部，如頭風疼痛如破、目痛如脫、淚出不明、頸痛不能轉側、眩暈、內障、頸強、肩背痛、巔頂痛、偏正頭痛、腰背俱痛、頭皮腫、發狂、腦虛冷痛、中風語滯、額顱上痛、目眩腦旋、中風舌緩、傷風、目眩反視、口眼歪斜等。

如能每天堅持紮頭擊拍頭部，對上述疾病都可起到緩解和預防作用。

9. 紮頭梳髮。用十指指甲尖端逆髮方向進行梳頭，先從頸後啞門穴往上梳至百會穴。（圖1-21）

再從兩風池穴梳到百會穴，再從額頭到百會

圖1-21　梳髮

圖1-22　鳴天鼓

穴，直到大腦皮質梳熱為止。

　　之後將雙掌從耳後把雙耳折蓋住耳門，使不能聽外界聲音，用雙手食指壓在中指上，用力往下滑擊枕骨。（圖1-22）

　　感覺小腦內有鼓聲（稱鳴天鼓），要滑擊36次。然後雙手交叉，按壓在頸椎部位（圖1-23），向左右進行搓摩，至有強熱感為止。

　　將叉手鬆開，用兩拇指按壓在兩風池穴

圖1-23　摩頸

圖1-24 按摩風池

圖1-25 搓頸後大筋

上,向左右進行按摩30次。(圖1-24)

　　然後將雙手拇指肚移置頸椎兩側的大筋上,上下搓摩30次(此處是通向大腦的六條陽經,手三陽,足三陽)。(圖1-25)

　　再將拇指肚移在耳後下的天牖穴上,食指移置耳門處,上下搓摩至有強熱感為止。(圖1-26)

　　最後順摩喉部(道家稱「十二重樓」),從廉泉穴到天突穴從上往下順摩至發熱為止

圖1-26 搓摩天牖穴

（圖1－27）。到此頭部按摩全部完畢。

【作用】梳頭能促使大腦皮質加快血液循環，增強大腦的清醒度，緩解大腦疲勞，固髮、生髮，預防頸椎病和感冒，以及腰背痛、降低血壓等症。

10. 體位不變，用拇指端部按摩解谿穴30次。（圖1－28）

圖1－27　順摩喉部　　圖1－28　按摩解谿穴

然後將拇指移在腳外踝的崑崙穴上，食、中、無名指移在內踝的太谿穴、大鐘穴和水泉穴上（圖1－29），進行碾揉，感覺有麻感為好。

【作用】外踝的崑崙穴屬膀胱經，內踝的三穴（太谿、大鐘、水泉）屬腎經，三穴相距一寸遠。對腰尻痛、腳氣、腰脊強痛、大便難、咳喘目眩、

圖1-29按摩崑崙、太谿穴

傷寒手足逆冷、嗜臥、氣逆煩悶、女子月事不來來即多、小腹痛等，都可有緩解和預防作用。

五、蹲　功

抻夾脊，雙手握住踝關節，用力向上拉拽，同時夾脊部位向下抻拉，面部找小腿迎面骨。（圖1-30）

然後屈膝下蹲，蹲至臀部貼小腿肚，稍停片刻。（圖1-31）

再緩慢抬頭，同時將握踝雙手移至雙膝上。（圖1-32）

再緩慢抬頭眼望天空深處，身要立直後仰。（圖1-33）

圖1-30　抻拉夾脊

圖1-31　下蹲

圖1-32　下蹲抬頭

圖1-33　下蹲望天

　　隨之向左轉頭，帶動頸椎、胸椎、腰椎轉至極點，眼觀背後。（圖1-34）

　　繼而低頭看地往回轉。（圖1-35）

圖1-34 下蹲觀後

圖1-35 下蹲觀左下

圖1-36下蹲臉找膝

到正前方,面部找膝蓋。(圖1-36)

繼續往右後轉,眼看背後,左右轉接近360°。繼續轉面向天,眼觀深處,正好一周,回到開始眼望天空。按照向左轉的路線,再往回轉,轉至面朝天,身回正方向,然後頭向前探,探至極點。(圖1-37)

回收下頦,意想用下頦將地劃一道溝。(圖1-38)

同時頸椎鬆開,緩慢呼氣,呼氣時口吐「呵」

圖1－37　下蹲前探頭

圖1－38　下蹲回收下頦

字，不要出聲（「呵」通心）。下頦貼近胸時再緩慢抬頭，挺胸立腰，眼望天空，同時用鼻吸氣。前探時呼氣，回收時吸氣，呼氣口吐「呵」字。要進行3次深呼吸。再左右橫移頸椎3次。（圖1－39）

圖1－39下蹲左右平移頭

再左右平圈轉頸椎3次。上述動作都是蹲著完成的，著重針對頸椎、胸椎、夾脊、腰椎和任督二脈。前後左右轉動特別注重頸椎的鍛鍊和腿上功夫。

此式對胃中寒、不食、少氣難言、胸肋支滿、四肢疼痛、氣喘不得臥、悲愁、健忘、虛勞咳嗽、腦和肺部病症能有緩解和預防作用。

六、轉　膝

膝關節在人體當中屬於關鍵的部位，稱為下肢的中節，起著承上啟下的作用，上身的重量全壓在雙膝上。俗話說：「人老先老腿」，指的就是膝關節，所以對膝關節的鍛鍊尤為重要。

接上式。緩慢起身成半蹲式（圖1－40）。將雙手心輕貼在膝蓋上，不要受力，稱捧膝。感覺膝蓋發熱，進行先左後右轉膝各30圈。（圖1－41）

轉膝時要求慢，劃圈要圓，然後緩慢下蹲，臀貼小腿肚，再緩慢起身成半蹲式3～5次。

【作用】對痿痹膝痛、腹脹煩滿、疝氣、引陰、陰股內廉痛，女人漏下不止等都有緩解和預防作用。

圖1-40　半蹲捧膝

圖1-41　左右轉膝

七、轉夾脊

　　敞開雙腿成馬步距離，雙手攀足扶在腳面上，夾脊下塌，頭自然下垂，所有關節要放鬆，向左右螺旋搖擺轉夾脊各8次。（圖1-42、圖1-43）

圖1-42　左轉夾脊

圖1-43　右轉夾脊

【作用】此式主要針對心臟和內臟，心臟和內臟有病變多反應在背後夾脊區不舒服，透過轉夾脊可起到緩解和預防作用。

八、仆步壓腿

兩腳分開，大於馬步，雙手扶在腳面上，身體下塌，一腿屈，一腿伸直，直腿小腿肚找地，胸找地，嘴找地，稱為「三找地」。（圖1-44）

據說，當年楊露禪盤拳時，一個下勢動作能把地上的大錢用嘴叼起來，可想而知老前輩們的基本功有多紮實。兩腿各壓40～80次。

然後，腳不動，手握腳腕，起臀，頭從襠部往後望天，抻拉夾脊和腰部。（圖1-45）

圖1-44　仆步壓腿　　　　　圖1-45　襠後觀天

九、弓步壓腿

弓左腿時，右腿蹬直，小腿肚上挺，右手壓在右腿的髖骨穴上，左手壓在腰窩臀部，向左後轉頭轉腰，眼看右腳跟，下壓30次。（圖1－46）

弓右腿時，動作同左，手位相反。還可雙掌撐開。（圖1－47）

圖1－46　弓步壓腿

圖1－47　弓步雙撐掌

【作用】對內臟和下肢的大韌帶、腰部、胯關節、踝關節進行抻拉預熱。對五勞七傷、腰脊痛、腿痛、腳腫、肺脹滿、喘咳嘔吐、脊強煩滿汗不出、胃病、頭痛和頸椎等病都可起到緩解和預防作用。

十、顛　踵

起身站立，兩腳與肩同寬，呼吸自然，進行顛礅動作。要求全身關節和內臟都要放鬆，著重礅腳跟，踵通腎，形似坐在馬上。「八段錦」中稱：「馬上顛顛百病消。」要礅81次。之後兩手外翻挺胸，再空胸手回扣3～5次。（圖1-48）

十一、雙掄臂

體位不變，目視前方，兩臂前後抬起與肩平，右手前，左手後，手心朝上。（圖1-49）

繼續上抬至頭上，臂要直，手心相對。（圖1-50）

再下落與肩平，左手在前，右手在後，手心朝下（圖1-51）。再下落回原位，為一立圓。此動作要連續掄起來，做30次，再回掄30次。

然後雙手停在頭上，手心相對。注意在掄臂過

圖1-48　顛踵

圖1-49　雙掄臂（1）

圖1-50　雙掄臂（2）

圖1-51　雙掄臂（3）

程中，頭始終不動地正視前方，只是頸椎隨腰左右
旋轉。然後先鬆手指，再鬆腕，勞宮穴對準百會
穴，意想從勞宮穴射出兩道紅光，進入百會穴，感

覺頭頂有熱感，隨之雙掌下落至頭頂2寸遠停住，覺得熱感加強，再將雙手交叉捧在小腦後。(圖1−52)。

做腦後七顛，緩慢起踵，同時深吸氣，斜視天空，然後猛落踵，隨落踵用鼻將氣呼出，吸氣時要慢，呼氣時要快，和落踵同步。在落踵呼氣時，全身骨節和內臟都要放鬆。起落進行7次。然後恢復正常體位，將雙手食指、中指和無名指指肚放在上中脘穴上。(圖1−53)

圖1−52　腦後七顛

圖1−53　滑摩上、中脘

上下滑摩上脘，中脘穴位。稍用點力，共做81次。然後再將距離拉長，上至天突穴，下至曲骨穴，來回滑摩8次。(圖1−54)

圖1－54　天突穴至曲骨滑摩

圖1－55循經擊拍（1）

【作用】對腸胃病、氣短、肩周炎、頸椎病、腰痛和頭痛等多種疾病都有緩解和預防作用。

十二、循經擊拍

體位不變，自然站立，雙掌由小腹開始逐步進行擊拍，力度適中。按照任脈路線拍至胸部。（圖1－55）

同時挺胸抬頭，眼望天空深處，在胸骨部位多拍數次，停住雙手用力下甩。（圖1－56）

圖1－56　循經擊拍（2）

圖1－57　循經擊拍（3）　　　圖1－58　循經擊拍（4）

　　然後起踵，深吸氣，抬頭挺胸，目視天空，隨之雙手抬起，手掌對準胸部。（圖1－57）

　　然後猛落踵，同時雙手拍至胸部，伴隨呼氣發聲，口吐「哼」字。

　　注意：此動作的落踵、拍胸、呼氣、用鼻發聲是同時完成的。感覺氣血充向大腦，有脹感。要做3次拍胸發聲。之後重心移向右腿，用右手擊拍左胸中府穴、雲門穴數次。（圖1－58）

　　順手三陰路線逐漸拍至左掌心（手三陰，奇經八脈中稱「陰維脈」）。兩掌相擊81次，力度由小漸大。（圖1－59）

　　對於拍手這一動作能治百病，臺灣中醫師侯秋東先生著了一本小冊子，書名為《拍手健身治百

圖1-59　循經擊拍（5）　　　圖1-60　循經擊拍（6）

病》，其中寫的非常詳細。摘錄了一部分，請見附錄五。

　　然後用右手指甲端部戳擊左手指甲肚的十宣穴30次。（圖1-60）

　　之後右手翻向左手背面的十王穴（在指甲根），戳擊30次。再逐漸順手三陽路線拍至肩井穴（此路線稱「陽維脈」）。再回到左胸，換左手，從左胸拍向右胸中府穴、雲門穴30次，同時重心移向左腿，順手三陰下、手三陽上至肩井穴拍30次，和左邊一樣。

　　然後回到原來體位，雙掌擊拍胸部數次，接著雙手用力下甩，和前面相同；起踵、挺胸、望天、深吸氣、抬手對準胸部、猛落踵、雙手拍胸、

圖1-61　循經擊拍（7）

呼氣、發聲。所不同的是發聲為「哈」字。「哼」字氣至大腦，而「哈」字氣至小腹，丹田漲滿。同樣做3次拍胸發聲。然後順胸下拍到帶脈（圖1-61）。

分開兩手，拍至兩肋到左右兩腎（圖1-62）。下拍至環跳穴。（圖1-63）

拍轉向前面，繼續順大腿陽面拍至膝關節。（圖1-64）

圖1-62　循經擊拍（8）

圖1-63　循經擊拍（9）

圖1−64　循經擊拍（10）

圖1−65　循經擊拍（11）

繞膝拍數次，再下拍至陽陵泉穴、足三里穴至解谿穴。（圖1−65）

此路線稱陽蹻脈。

然後繞過腳面拍向內踝，上行至三陰交穴，繼續上行順大腿內側拍至肛門。（圖1−66）

再回至小腹（此路線稱陰蹻脈）。然後用雙手小指從曲骨至天突穴（圖1−67、圖1−68），再用雙手拇指從天突穴到曲骨往返滑摩3次。

圖1−66　循經擊拍（12）

圖1-67　滑摩任脈（1）　　圖1-68滑摩任脈（2）

　　然後按擊拍路線滑摩一遍（圖1-69～圖1-74），回至小腹。左手心貼在肚臍上，右手壓在左手背上，向左轉摩30圈，左手壓在右手背上，再將右手心貼在肚臍上，向右轉摩30圈。

圖1-69　循經滑摩（1）　　圖1-70　循經滑摩（2）

圖1-71循經滑摩（3）

圖1-72循經滑摩（4）

圖1-73循經滑摩（5）

圖1-74循經滑摩（6）

十三、循經導引

接圖1-74所示。雙手貼於小腹，按奇經八脈路線進行深呼吸導引。

一吸：緩慢深吸氣，同時意領從會陰穴隨吸氣順督脈路線引至百會穴。

二呼：由百會穴順任脈路線隨呼氣緩慢下降至會陰穴。

三吸：由會陰穴上升至帶脈，分左右兩條線到兩腎，再直線上升到左右兩膀窩。

四呼：由兩膀窩順手三陽路線繞過手背到勞宮穴。

五吸：由雙手勞宮穴順手三陰路線上升到兩肩窩處，鎖骨的根部即胸的最上端。

六呼：由兩肩窩下行，走胃經路線至帶脈的天樞穴，並成一條線到神闕穴，下行到會陰。

七吸：由會陰穴直線上升走衝脈至心窩下，不超過心窩。

八呼：由心窩下下行，經會陰穴分成兩條線，走足三陽路線繞過腳面到湧泉穴。

九吸：由湧泉穴上升，走足三陰路線，經會陰穴到小腹的氣海穴。

十呼：由氣海穴下行到會陰穴。至此奇經八脈引導完畢，也稱「大周天」。此導引完全是意念，沒有外形動作（摘自《性命法訣明指》）。

十四、組合樁功

接上式。雙手放下，自然站立，極目遠視，舌抵上齶，全身放鬆。由雙手拇指開始，食指、中指、無名指、小指依次緩慢向外翻轉。在翻轉時，意想拇指通肺與大腸，要想內臟的部位；食指通脾胃；中指通心與小腸；無名指通肝與膽；小指通腎與膀胱。指動意到，臟腑得到調理。

平時多動手指，有益身心健康，著名的鋼琴家大多長壽。手揉核桃的道理也是一樣的。手指翻轉的同時，兩臂隨之從兩側向上抬起，手心托天在頭頂上端，同時仰面挺胸，目視天空深處，深吸氣。（圖1－75）

圖1－75　組合樁功（1）

　　諺曰：「雙手托天理三焦。」所謂三焦，上焦為輸入系統，中焦為消化系統，下焦為排泄系統。

　　此式可起到調理三焦的作用，同時鍛鍊了胸腺、疏通任脈。胸腺充足可使人延緩衰老，頸椎病、近視眼都可得到緩解和預防。繼而起踵深吸氣，保持挺胸，目視天空。踵通腎，又稱「踵吸」。

　　吸足之後再緩慢落踵呼氣，起吸落呼要進行3次。吸氣時小腹內收，呼氣時小腹自然外放，使橫膈拉大距離，擴大肺活量。然後兩臂上舉伸直，手心相對，斜視天空。（圖1－76）

　　意想手指尖接天，把腰拉開，即所謂「伸臂長

圖1－76　組合樁功（2）

腰氣血通」。然後鬆手指、鬆腕，手心朝下對準百會穴。意想兩勞宮穴發出兩道紅光射向百會穴，感覺頭頂發熱。（圖1－77）

　　然後雙掌下按至頭頂二寸處稍停，熱感明顯增高，稱「捧氣貫頂」。（圖1－78）

圖1－77　組合樁功（3）

圖1－78　組合樁功（4）

　　再將雙掌交叉成十字，左掌橫為陰，右掌豎為陽，這也是李式太極拳的起式動作。右手食指尖欲接天，同時起踵，深吸氣，斜視天空。（圖1－79）

圖1－79組合樁功（5）

再次吸氣、伸臂、長腰、起踵，伸至極點，緩慢落踵呼氣，同時屈膝下蹲，蹲時先鬆腳腕、鬆膝、鬆胯、鬆肩、鬆肘，最後合掌當胸，變成李式太極拳的問訊掌，內視丹田，心平氣和。下蹲時要立腰，大腿面與地面成水平，為增強腿的功力，可儘量多站會兒。（圖1－80）

隨後，雙掌分開成水平，掌心朝下，中衝穴相接，兩肘外頂，同時吸氣、收顎、空胸、溜臀，內視丹田，疏通督脈。（圖1－81）

圖1－80　組合椿功（6）　　圖1－81　組合椿功（7）

中指相接下垂，指背相貼由胸前下叉，同時起身吸氣。起身時意想蹲在水裡往上躦，露出臉，到胸，水到肚臍，同時雙手插到肚臍，身體直立。上式是督脈上升，此式是任脈下降。即所謂「任督

經通百病不生」。（圖
1－82）

圖1－82　組合樁功（8）

　　然後，雙手往外扒開至兩肋旁，同時深吸氣，氣貼脊背，再緩慢呼氣，同時鬆兩肩、鬆肘，雙手下垂。呼氣時口吐「噓」字，不要出聲，雙目垂簾，意想肝區。「噓」字通肝。（圖1－83）

　　隨後下腰，雙臂自然下垂，塌背、抬頭。（圖1－84）

　　再握住腳腕向上拉，抬頭，臉找地。同時呼

圖1－83　組合樁功（9）

圖1－84　組合樁功（10）

氣,拉開夾脊,能聽到骨音時,鬆開雙手,吸一口氣,再握腳腕向上拉,同時呼氣,共進行3次。此式對心腎能起到調理作用。（圖1－85）

最後一次握住腳腕,屈膝下蹲至臀貼小腿肚,腰要豎直,雙手鬆開腳腕,掌心朝下,目平視遠方。（圖1－86）

圖1－85　組合樁功（11）　　圖1－86　組合樁功（12）

向兩側抬臂,與肩成水平,同時起身成馬步,雙手虎口撐圓,合谷穴接天,要求腰要豎直,膝蓋不超腳尖（圖1－87）。

繼續起身,雙臂上舉,起時意想蹲在水裡往上躥,露出臉,露出胸,水到肚臍,身體直立,挺胸抬頭,目視天空深處,同時起踵吸氣,雙手托天。

（圖1－88）

又回到圖1－75所示。繼續往下做，一直到圖1－83所示。身體直立，兩臂下垂。這一段都是前面的重複動作。

圖1－87　組合樁功（13）

圖1－88　組合樁功（14）

　　組合樁功可以循環無端地練習。對保健、健身和預防疾病效果顯著。可舒肝理肺，調理三焦，舒通任督二脈，鍛鍊腰腎、胸腺、頸椎、視力、頭部微循環和腿部的功力等。

十五、空胸緊背

　　接上式。屈膝半蹲，同時雙手拇指指端頂在大腿正面的伏兔穴上（膝蓋往上六寸處），同時空胸深吸氣，使背部極力橫向膨脹，氣貼脊背（圖1－89）。

　　隨後緩緩起身，挺胸仰頭，目視天空，兩臂及拇指極力向外翻轉（圖1－90），同時呼氣，伴隨口吐「呬」字，不要出聲。再下蹲，空胸深吸氣，

圖1－89　空胸緊背（1）

圖1－90　空胸緊背（2）

拇指頂在伏兔穴上，重複做3次空胸緊背，「呬」通肺。

此式以活動胸、腰、背和外翻拇指為主，平時注重胸腺的鍛鍊，可使人延緩衰老。

背部除了督脈之外，兩側各有兩條經脈，穴位很多，主要是心俞、肺俞、膏肓、身柱，大椎往下至七椎，屬夾脊部位，可緩解胸、心、肺等不適。翻拇指可調理下焦，拇指運動作用於肺與大腸經，可緩解便秘。

十六、舒肝健脾

接上式。體位不變。將兩前臂內側放在左右兩軟肋處，左臂向上，右臂向下，螺旋旋轉按摩軟肋處（圖1-91）。

然後反方向螺旋按摩，正反各30圈（圖1-92）。

按摩時配合左右轉腰，之後兩前臂同

圖1-91　舒肝健脾（1）

時同方向立圓按摩軟肋30次，

同時腰隨立圓前弓後仰（圖1-93、圖1-94）。

圖1-92 舒肝健脾（2）

圖1-93舒肝健脾（3）

圖1-94舒肝健脾（4）

圖1-95舒肝健脾（5）

　　同時配合呼吸，腰向前弓時呼氣口吐「呼」字
（「呼」通脾臟），不要出聲。（圖1-95）

　　意想脾臟部位（脾在左，肝在右軟肋內），吸
氣時小腹前挺，由腰椎逐節向上、向前、向後挺胸
抬頭到頸椎，這樣，椎間盤及小韌帶都得到抻拉。
吸氣時隨腰動意念想，由會陰穴向上走督脈上升到
百會穴，呼氣時由百會穴走任脈下降到會陰穴，要
做3次呼吸。

　　做此動作時，要全身放鬆緩慢進行，著重意念
帶動動作，意念到動作到、呼吸隨。動作簡單而內
在豐富，不可輕視。

十七、依水靠水養心功

此功法完全是意，沒有外形動作，就是自然站立，重心在右腿，左腳虛貼地面，兩臂自然放鬆下垂，目斜視天空深處，盯住一個目標或一片雲，眼神不要移動。（圖1－96）

圖1－96　依水靠水養心功（1）

意想右側身後有很強的水流，沖著自己的身體，而自己的身體迎著水流，倚靠在急流中，感覺左側身軀輕鬆得意，呼吸緩慢細長，精神全部集中到空中深處的某一個目標上，並且越看越愛看，越看心情越舒暢，內心覺得美滋滋的，如同進入仙境一般。

　　此時配合呼吸，吸氣時意想由兩眉之間把所看見的美景吸入眼底，吸時兩黑眼珠往一起碰（俗稱「對眼」），眼皮放鬆垂簾。吸到深處再緩慢呼出，隨眼神把吸進來的美景再送到原來的地方。可多次收放。然後重心再移向左腿，右腳伏貼地面，斜視天空。（圖1－97）

　　此功實際上就是吐納法。左右意念相同。最後收功，重心移向兩腿（圖1－98），感覺一身輕鬆。

圖1－97　依水靠水養心功（2）　　圖1－98養心功收勢

　　【目的】排除各種雜念，大腦得到充分放鬆，特別是用兩眉間吸氣，大腦感覺舒服如半睡狀態，得到充分的休息，使中樞神經得到調劑。有關穴位請參考「針灸腧穴圖譜」。

第二部分

動轉基本功

所謂動轉，是指各種動作的轉換，不同於前面講的靜壓、靜耗。動轉基本功包括手、眼、身、法、步、跳躍和技擊；以腿法為主，其他內容的動轉也離不開腿的配合。

「練拳不踢腿，等於冒失鬼」。「冒失」說的是練拳之前不使韌帶、肌肉、關節等預熱放鬆，容易出現損傷。所以說練拳之前必須先踢腿。踢腿的作用是使腿部韌帶和肌肉有力度、有彈性。靜壓只是拉長韌帶而沒有力度，只踢不壓，使得韌帶僵硬，沒有柔韌性。所以靜壓、動轉兩者互補。

從養生上講，人老先老腿，年輕時就注意腿的鍛鍊，就能延緩腿的衰老。炮捶門的老武術家袁敬泉老師，90多歲時每天還要堅持踢八十一腿，活到了102歲，當然不一定就是踢腿踢出來的，但是說明老前輩對腿的重視。沒有腰腿的功夫，什麼也練不好！一定要重視基本功的練習。

以下介紹各種動轉基本功練習

一、迎面腿

所謂迎面，就是腿踢起時腳尖的目標要找自己的面部，最好是下齶，不要過頭。

【練習方法】身體直立，兩腿要伸直，挺胸疊

肚，下頜微收，頂上提，目前視遠方；兩臂左右分開，上抬舉過頭頂，由胸前交叉落下，再左右分開，高與肩平，塌腕蹺指，大拇指要回扣，形成瓦攏掌；一腿支撐一腿踢起，離面部三分之一時，要

圖2-1

有爆發力，意找下齶，被踢腿要抽胯後坐，使腿縮短，這樣使腿部韌帶繃緊，起到抻拉作用。

支撐腿腳跟不要離地蹺起，在踢的過程中要有速度和力度，要勾起敏落，落地無聲。兩腿交替練習。（圖2-1）

二、十字腿

所謂十字，就是左腿向右踢，右腿向左踢，在胸前形成一個十字。踢左腿時腳尖意找右耳，踢右腿時腳尖意找左耳。

【練習方法】除了腳尖找的目標不同，其他要求同迎面腿。（圖2-2）

圖2－2　　　　　　　　　　圖2－3

三、側踢腿

所謂側踢腿，就是腿踢起時腳尖要找後腦。

【練習方法】身體直立，向右轉腰，左肩斜對前方；上左步的同時，左臂從下往上經胸向上過頭向前撇出，再下落經胯向後撩起過頭上舉，拳面朝前，拳眼朝下，同時右臂向後撩起向上過頭，前臂橫壓胸前；隨兩臂左右擺動，腰向左轉，同時回頭往後看，小腦朝前，隨向左轉腰回頭而右腿踢起，腳尖找小腦，起落要有速度和力度。

左右交替練習，側踢腿的目的是起開胯作用。給裡合腿及外擺腿打好基礎。（圖2－3）

四、裡合腿　五、外擺腿

【練習方法】身體直立，兩臂左右分開，高與肩平，塌腕翹指，拇指要回扣，目視前方。踢右腿時，左腳向前上半步，微向右轉腰，同時右腿向右、向上、向左經頭上擺向左方，走一立圓。擺的過程中用腰帶動，腳面繃平，腳心裡扣，從左方落下，還可以配合手的動作。踢右腿腳在頭上時，左手掌找右腳掌，合拍有聲。

注意，在擺動過程中，腿部關節、肌肉都要放鬆，用腰帶動。右腿先向右、向上過頭向左下落為裡合，而右腿先向左、向上、向右下落為外擺，只是腳的要求有異。外擺腳面繃平而同側手擊拍腳面。

裡合、外擺的目的是使胯部大轉子靈活擺動，做起動作舒展大方。在技擊上有「腳打七分手打三」之說。（圖2－4裡合、圖2－5外擺）

圖2－4　裡合腿

六、風輪劈掌

此動作為八卦掌的基本功之一。所謂「風輪」，就是兩掌走立圓似車輪，用小魚際掌根劈出。

圖2-5　外擺腿

【練習方法】身體直立，上左步朝正北方向，左手先向右再向上過頭向前劈出，成左弓步，右手向後，眼往前看（圖2-6）。再上右步，右手從後向上過頭向前劈出，成右弓步，眼順右手前視（圖2-7）。在劈右掌時，左掌隨之向後、

圖2-6

圖2-7

向上過頭劈向前方，而右掌撤回腰間，再往回撤步，立身，和左腳並齊，而雙手同時由胸前交叉向上架起，目視前方（圖2-8）。

不停，兩掌從上向左右同時劈出，隨蹲身兩掌拍向大腿風市穴。再上右步，劈右掌，做相反方向的風輪劈掌。左右循環練習。（圖2-9）

圖2-8　　　　　　　　圖2-9

七、弓步衝拳

為常式（常振芳）查拳基本功之一。

【練習方法】屈膝出左步成半蹲式，同時左手隨出腿向前握拳伸出，目順左拳遠視（圖2-10）。隨之蹬右腳向前進身，左拳猛往回帶至腰

圖 2－10

圖 2－11

間，同時右拳向前衝出，拳面朝前，拳眼向左斜
45°，成左弓步，目順右拳遠視。要求衝拳要有速
度和力度，左肩和右肩要成一條直線，弓腿時膝不
過腳尖，蹬腿要直，腳跟不要蹺起，動作舒展。左
右交替練習。（圖 2－11）

八、進步挑掌

此動作是八卦掌六十四手之一。

【練習方法】意想二人搭手，搭左手搭右手都
可以，對方出左手我也出左手，對方出右手我也出
右手。搭右手我左手上挑，同時上左步，管住對方
右腳，隨上步右掌擊向對方面部，也可抽身擊對方

中脘穴。左右練習。

　　演練似有人，實戰似無人，搭手見輸贏。要快，手到腳到身到。（圖2－12－圖2－15）

圖2－12

圖2－13

圖2－14

圖2－15

九、馬蹦步

【練習方法】身體直立，面向前方，雙手握拳，左拳經胸從嘴出往前往下走一弧形撤回腰間，同時出左腳下蹲成虛步，右拳隨之經胸從嘴出走一弧形向前、向下，高與腹平，目順右拳斜下前視（圖2－16）。

接著立身，左腳前跟半步，同時身向後仰，挺胸上右步，左拳緊跟上衝至面前，右拳緊隨左肘下，眼看左拳（圖2－17）。

右腳前跟半步，同時身向前進，左腳前進上大步，同時進身，腰向前探，左拳下劈回至腰間，右拳下劈至腹前，目順右拳斜下前視，又回到圖2－

圖2－16

圖2－17

16。循環練習。

【技擊作用】對方以右拳衝我中部來，我上左步，同時右拳下劈，截住對方右拳，而我左拳劈向對方頭面部（圖2－18）。

如對方出右拳衝我中部，我上左步，同時左拳上撩，右拳上衝對方下齶，同時肘還可以頂向對方胸部。（圖2－19）

圖2－18　　　　　圖2－19

十、斜劈掌

【練習方法】此式為李式太極拳的六合八式動作之一，亦稱「斜劈狠」，即掌劈出去要狠。身體直立，如劈右掌，先向右轉腰，同時右掌從胸前向上、向後斜上方擺出，左掌隨之置於右肘下；如劈

圖2−20

左掌，先向左轉腰，左掌從胸前向上、向後斜上方擺出，右掌隨之置於左肘下，身微下蹲，重心在左腿，眼看左（右）掌。（圖2−20）

【技擊作用】如對方出右拳擊我胸部或面部，我向左閃身上左步，同時用右前臂接近手腕部位將對方拳橫向斜上方擺出，左手管住對方右肘（圖2−21）。不停，猛往回斜劈對方頸部人迎穴，要快要狠。（圖2−22）

圖2−21

圖2−22

十一、長蛇串竹

【練習方法】此式為十三丹功法動作之一。歌訣曰：「長蛇串竹扭腰功。」顧名思義，此功法主要是鍛鍊兩腎和命門，形容蛇在很密的竹林中走動的形象，左右擺動。此功法各派練法也不同，我學自王培生老師。

直身站立，下蹲出左腿，同時出右手成外八字手，手心向外，左手隨出右手上抬至左耳前，手心向外，成八字手，眼順右手前視（圖2－23）。前進時先上左半步，再上右大步，同時兩臂旋轉前進，左手向裡旋轉再往外旋，手心向外，右手旋轉回撤至右耳前。左右交替練習。

圖2－23

圖2－24

【技擊作用】對方出右拳擊我胸部，我用左手從對方裡側將對方手腕拿住，回帶至我左耳前，同時以右八字手直擊對方喉嚨。（圖2−24）

十二、虎撲子

本功法為形意拳十二形之一，有虎撲和虎托兩種。

【練習方法】屈膝下蹲，雙手握拳在小腹前，眼往前看（圖2−25）。雙拳從腹上提至胸，手心朝裡，同時上步，雙拳外翻變掌，隨上步撲擊與胸高，目順兩掌中間遠視，成弓步，後腿微屈，背部意往後撐圓，有「背不圓力不全」之說。手往前背必往後，陰陽勁。（圖2−26）

圖2−25　　　　　　圖2−26

　　【技擊作用】對方雙掌撲我胸部，我雙拳上提至對方雙掌中間，再往外翻變掌撲向對方胸部（圖2－27）。對方雙掌撲我胸部，我也可雙掌從對方雙掌上側貼自己胸下按，同時翻掌，手心朝上，斜下托向對方軟肋。用小魚際內合力。（圖2－28）

　　此功法要求配合呼吸，握拳上提時用鼻深吸氣，同時雙目微閉。變掌前撲時要呼氣，用喉嚨呼出，使喉嚨震動。吸氣形如猴叫，呼氣如虎撲食。稱為「虎吼猿鳴」，亦是練氣的一種方法。

圖2－27

圖2－28

十三、鳳凰展翅

　　此功法鍛鍊腰部，兩臂斜上抻拉，使胸部前挺，背往後仰，兩臂前後展開，重心在一側，上左

步向左轉腰，左拳衝擊，上右步向右轉腰，雙拳下落，由胸前交叉將右拳斜上衝擊。左右練習（圖2－29、圖2－30）。還可以做騰空跳躍練習。從技擊角度，意想對方離自己較遠，可以向前跳躍衝擊對方頭部（圖2－31、圖2－32）。

圖2－29

圖2－30

圖2－31

圖2－32

如對方衝拳擊我頭部，我閃身，從對方臂的外側斜上擊對方頭部。（圖2－33）

圖2－33　　　　　　　圖2－34

十四、龍　形

此式鍛鍊腰、臂關節的靈活性、破解對方拿我臂部反關節。如對方握住我右腕關節並用力往外擰轉，我要順對方擰轉力的方向屈前臂，向右轉腰，使反關節的勁順過來，同時左手隨向右轉腰到自己右肋，猛回頭，以左前臂擊向對方右軟肋肝區。（圖2－34、圖2－35）

【練習方法】近似八卦掌的單換掌，但不是八卦掌。這也是李式門的基本功之一。

「龍形」配合步法轉動腰、臂，向右轉腰，左

手插向右肋，同時右
臂往外擰轉屈前臂，
向左轉腰，右手插向
左肋，同時左臂往外
擰轉屈前臂。左右練
習。（圖2－36、圖2－
37）

圖2－35

圖2－36

圖2－37

動轉基本功十四式到此全部講完。要說明的
是，有些動作用文字很難表述清楚，還要請讀者諒
解。請讀者詳看示範影音光碟。

第三部分

盤架健體

李式太極拳32式，是在北京武術院、北京市武術運動協會的建議下，專為外國朋友編制的，是可以在國內外同時普及推廣的傳統武術套路教程，定名為《中國傳統武術入門套路》。書中共收錄了8個拳種，即八卦掌、形意拳、六合螳螂拳、八極拳、戳腳翻子、李式太極拳32式、陳式太極拳24式、六合拳。由北京市武術運動協會彙編並出版了中英文對照精華叢書第一冊。

馬金龍所傳的李式太極拳，是師承於李式太極拳第二代傳人高瑞周先生。1947年，由高瑞周等四人在北京德勝門內的雞獅灘匯通祠廟內成立了匯通武術研究社而開始傳入北京城的，有別於其他李式傳人流派的拳架。

高瑞周，字金成，河北省武清人。16歲拜在李瑞東門下學藝，學拳兩年多。後李瑞東因煤氣中毒而謝世，享年66歲。李謝世後，高瑞周就跟著師兄弟們學拳。

據高瑞周老師講，他和少林寺的惠海法師（龍禪和尚）關係不錯，曾經有很長一段時間，惠海法師住在高家共同研習太極拳。因為原來的李式太極拳套路的重複動作多，而且套路中的春、夏、秋、冬四趟拳分得也不清楚，他們就對李式太極拳（五

星捶）的套路進行了新的編組。改變後的套路每趟
都有起勢和收勢，可任意選擇單練，並且每趟拳都
安排了兩個發力動作，拳架舒展大方，造型美，動
作對稱多，剛柔相濟，既保留了原來的李式太極拳
的真諦，又能給人以藝術上的美感。

多年來，李式太極拳參加了各級賽事，均得到
了諸多太極拳愛好者的好評和喜愛。

本套路由馬金龍老師演示。

注：有關李式太極拳的來龍去脈及龍禪和尚如
何學習太極拳，請看馬金龍編著的《太極五星捶》
一書。

李式太極拳 32 式

預備式

過去老前輩傳拳，都對預備式十分重視。預備
式也稱站式，後又發展到無極調息法。就是說在起
勢之前要原地站一會兒，等心態平靜下來，不要想
與拳無關的事情，排除雜念，再開始起勢。至於怎
樣排除雜念，王培生老師想出了一套辦法（請看馬
金龍編著的《太極五星捶》一書）。

面南直立，身體各個部位包括內臟放鬆，頭、

圖 3－1

肩、肘、手、胯、膝、足都不要掛力，腳趾不要抓地，要平舒於地面。腳掌抓地，小腿肚就自然掛力了，容易使氣血受阻，不適於養生。

雙目平視遠方，神宜內斂，要達到視而不見、聽而不聞、嗅而不知其味的境界。舌尖輕頂上齶，輕叩齒，嘴自然輕閉，呼吸要自然，細、勻、緩、慢。

意想自己在一個很美的環境中，有山有水，有花有草，空氣特別新鮮，心情特別舒暢、喜悅而又不外溢，達到了這種境界再開始起勢。（圖 3－1）

第一式　太極起勢（又稱「問詢掌」）

向右轉腰，重心隨之右移，鼻尖對正右腳大趾，再向左轉腰，注意鼻尖不要脫離右腳大趾；轉到尾閭骨對正右腳跟時，用意鬆右肩、垂右肘，右手小指意指接地面，此時左腳自然向左移出一腳遠而大腳趾先點地；繼而右手無名指意接地面，左腳二趾點地；隨之右手中指意接地面，左腳三趾點地；右手食指意接地面，左腳四趾點地；右手拇指

意接地面，左腳小趾點地；右手手掌意接地面，左
腳腳掌落地；右手手心意接地面，左腳心落地；右
手根意接地面，左腳跟落地，此時兩腳雙重，步是
這樣開出去的。練太極拳要符合用意不用力，又輕
又穩又自然。（圖3－2）

　　雙手捧於腹前，中衝穴相接（中指節），手指
之間略有空隙。這一動作可以作為樁功練習。

　　意想天氣特別陰，但又沒有下雨，霧濛濛的，
時間長了臉上就出現了水珠，水珠往下滾，經過肩
順著臂到手指縫往下滴，覺得身上涼颼颼的。呼吸
要細長，在吸氣時中指自然衝開，呼氣時又自然接
上。雙目垂簾，時間不限，舒服就多站會兒。此式
可降低血壓。如果不站樁，眼平看遠方。（圖3－3）

圖3－2

圖3－3

　　然後由小指逐次握成筒拳，食指捏在拇指的第一橫紋上，兩拳眼朝前，然後兩拳向裡旋轉，拳眼相對，再由拇指逐次鬆開變掌向身體兩側分開，虎口撐圓上舉；同時雙腿下蹲，膝蓋不要超過腳尖。（圖3－4）

　　繼而雙掌上托，手心朝天置於頭頂上方合十；同時起身直立，意想雙手要接天，仲臂長腰深吸氣，踵要虛；雙目斜視天空，不要抬頭後仰。（圖3－5）

　　然後左掌橫移置於右掌心直立成十字手；屈膝下蹲；隨之左掌下移置於腹前，右掌直立於胸前。

　　注意：下蹲時意想先鬆腳腕，再鬆膝、鬆胯、鬆肩、鬆肘、鬆手於當胸，雙膝不要超過腳尖。

圖3－4　　　　　　　　圖3－5

（圖3-6）

到此「起勢」動作完成。

第二式　抱七星

接上式。右掌上穿，意想接天，同時左掌下叉，意想入地；隨之身體直立；眼神順右手向上斜視天空。（圖3-7）

圖3-6

重心右移，左腳掌外展45°；同時左臂向東北、右臂向西南劃弧分開；重心移向左腿，右腳掌收置於左腳處虛貼地面，同時微向左轉腰，屈膝下

圖3-7

蹲；兩手抱於胸前，掌心上下相對；眼神順左手前視。（圖3-8）

右腳向右前45°開步，腳跟先著地，然後輕落腳掌，鬆膝，左腳蹬而腿而腰使右膝拱出，不要過腳尖；同時，兩臂前後圓撐成右掤手；左膝微屈，身向西南；目順右手前視。（圖3-9）

圖3-8　　　　　　　圖3-9

向右轉腰，左腳後蹬；同時，左手前伸再往回捋，掌心朝向胸前，右掌心旋轉，對準左腕脈門處，如同抱球；同時，進左腳置於右腳旁，腳掌虛貼地面，立身，微向左轉腰；面向東南，目順左手前視。（圖3-10）

鬆右肩，向左前方45°開步，方向東南，先落腳跟，鬆膝，再落腳掌，右腳後蹬成左弓步，膝不

圖 3－10

過腳尖；同時，右手隨進腰前找左手腕成打擠式；
面向東南，目順左手腕前視。（圖 3－11）

　　兩掌前伸上托；同時，起身跟右步，右腳置
於左腳旁，腳掌虛貼地面；目順兩手間前視。（圖
3－12）

圖 3－11

圖 3－12

圖3－13

向右轉腰，面向正西，同時左腳跟外展；兩掌從胸前隨屈膝下蹲向下、向前按出成右弓步；面向正西，目順兩手間前視。（圖3－13）

「抱七星」到此完成，內容包括掤、捋、擠、按四手。

第三式　下　勢

接上式。右手以食指帶臂，鬆肩，往正西斜上穿起；同時將身帶起，隨之左腳跟於右腳旁，向左轉腰直立，面向正南；左掌心貼於小腹，目斜視天空。（圖3－14）

然後鬆腳腕、鬆膝、鬆胯；右手下落，

圖3－14

掌心和左掌心相合成半蹲式，目向前下斜視。（圖3-15）

　　身形不動，向前出左步，腳跟落地，腳尖上蹺；同時，雙掌貼著左腿從上往下推出到腳腕；腳心貼地，隨之蹲身，跟右步，立腰；兩手抱於胸前成半蹲式，目順雙手前視。（圖3-16）

　　「下勢」到此完成。

圖3-15　　　　　　　　圖3-16

第四式　二郎擔山

　　接上式。兩臂上抬，同時雙掌上托；隨之起身，起身時意想百會往上引，把腳下忘掉（起身輕鬆），身體直立成雙手托天式，和八段錦的動作相

同，起到調理三焦的作用。目視天空，此式可深呼吸。（圖3-17）

向左回頭，目視正東；隨之兩手分開，兩臂分東西下；隨之下蹲；目順左手前視遠方。（圖3-18）

圖3-17　　　　　　　　圖3-18

起身，右腿獨立，隨之左膝上提，意找左肩，小腿蹬出，腳尖上蹺；目視正東。（圖3-19）

然後腳尖點出，同時屈膝下蹲，左腳平落地面進膝成左弓步；同時左掌推出成單鞭式，目視正東。（圖3-20）

「二郎擔山」到此完成。

圖3—19

圖3—20

第五式　雲　手

接上式。左掌下落找左膝，同時，往右轉腰，扣左腳，腳尖朝正南，面向正南；左手再找右膝，重心到兩腿；左手找右手腕，同時重心移向右腿成右弓步；面向正西，目順右手食指遠視。（圖3—21）

然後左掌內旋到面

圖3—21

前，右掌下落找右膝；重心移向兩腿成馬步，面向
正南，目順食指尖上斜視天空，不要抬頭（大腦有
鬆的感覺）。（圖3－22）

　　繼而左手外旋雲出到正東，同時右掌找左膝再
找左手腕；隨之右腳跟置於左腳旁；目順左手食指
向正東遠視，身體成半蹲式。（圖3－23）

圖3－22　　　　　　　　　圖3－23

　　往回雲，動作相反，至左掌找右手腕；左腳橫
開，成馬步距離的右弓步，目順右手食指向正西遠
視。（圖3－24）

　　雲手共走兩個，至右手找左手腕成左弓步，目
順左手食指向正東遠視。（圖3－25）

　　「雲手」到此完成。

圖3-24　　　　　　　　圖3-25

第六式　左分手

接上式。身體和雙手都不動；向左後插右步，腳掌落地再向右轉腰，同時右腳掌作軸，重心移向右腿；兩掌隨之向右旋轉，左掌至正西，高與肩平，掌心朝上，右掌轉到東北，高與胯平，掌心朝下，目順右手前視。（圖3-26）

向左轉腰，同時左手找右膝；蹲身，向正東後插左步，繼續向左

圖3-26

轉腰，以右腳跟為軸，腳尖轉向正南，左手找左腳腕解谿穴；同時以左腳跟為軸，腳尖轉向正東成為丁八步；右手在後斜向西南上方，手心朝上，目順左手斜下前視。（圖3-27）

立腰，背往後靠，看一下右手，向左轉，面向正東，重心為前三後七。此動作要求右大腿和地面成水平，左膝微上蹺，目順右手東視遠方。（圖3-28）

「左分手」到此完成。

圖3-27　　　　　　　圖3-28

第七式　右高探馬

接上式。重心前移成左弓步；同時左肘下沉，頂在左肋，掌心朝前，右掌向前經右耳斜上探出；

同時向前進身，右膝貼在左膝處，小腿上蹺，身體微向前傾斜；目向東視。（圖3-29）

圖3-29

第八式　右分手

同「左分手」，動作相同，姿勢相反。（參見圖3-26～圖3-28）

第九式　左高探馬

同「右高探馬」，動作相同，姿勢相反。（圖3-30）

圖3-30

第十式　摟膝拗步

接上式。落左腳的同時向左轉腰，重心移向左腿，右腳回扣，蹲身；同時，右手上掤找右耳門，左手下按找右膝回摟；向東北45°出左步；左手摟向左腳前再回摟左膝，繼續向後、向上架起；進身成左弓步；同時右掌前推，拇指對鼻尖成水平，左手食指回指左眉梢，手根有上架之意；目順右手拇指向正東遠視。（圖3-31）

圖3-31

向左轉腰，同時跟右腳，在左腳旁虛點地面；右手找左手腕，蹲身，隨之右手摟向左膝；向東南45°出右步；右手摟向右腳前再回摟右膝；同時進身成右弓步；右手向後、向上架起，食指回指右眉

梢，手根有上架之意，左手下落經耳門前推，拇指
對鼻尖成水平；目順拇指向正東遠視。（圖3－32）

歌訣中有「摟膝拗步將身下」「摟膝拗步護下
盤」之說，說明摟膝拗步的動作是非常低的，需要
腿上的功夫。

第十一式　風擺荷葉

接上式。右臂前伸，手斜上向東南方向，同時
長腰，兩手前後相合；隨之左腳前跟半步，向回坐
腰，背往後靠，手往回斜下找膝；同時蹲身，右腳
撤回左腳旁，向左轉腰；雙手經膝向西北擺出，與
肩成水平；目順左手遠視。（圖3－33）

不要起身，向東南方向出右步；同時進腰帶臂

圖3－32

圖3－33

向上、向東南擺出，兩掌相合；重心移向右腿成右弓步；眼從兩掌間斜視天空。（圖3－34）

　　兩臂隨腰繼續向下找膝，再向西南擺出，與肩成水平；同時跟左步，置於右腳旁，腳掌虛貼地面，重心在右腿；目順右手食指遠視。（圖3－35）

圖3－34

圖3－35

　　不要起身，再向東北方向出左步，同時向東北方向進腰；左肩隨腰靠出，同時帶雙臂向上、向東北斜上擺出，兩掌相合，重心移向左腿成左弓步；目順兩掌間斜上遠視。（圖3－36）

　　「風擺荷葉」動作到此完成。此動作重點鍛鍊兩腎及兩肩的靠勁。

圖3－36

第十二式　到雲端

接上式。向東北方向斜上伸臂長腰的同時，左轉立身，右腳帶上半步；左掌回撤胸前，與右掌前後相合；隨之向西南撤右步；右掌回撤，左掌前進，然後雙掌再往東北方向回捋，重心移向右腿；目順左手食指斜上遠視。（圖3－37）

在雙手繼續回捋的同時，向右轉腰，撤左步於西北；同時，雙

圖3－37

掌轉向上且向東南方向掤出再回捋；同時坐胯，重心移向左腿；面向東南，目順右手食指遠視。（圖3-38）

「到雲端」動作到此完成。

圖3-38

第十三式　左迎面掌

接上式。回扣右腳，向左轉腰；隨之左掌回撤，掌心貼於胸部，右掌隨轉腰轉向頭上，掌心向西；重心移向左腿，同時外展左腳掌成左弓步；面向正西遠視。（圖3-39）

向正西方向上右步；同時右掌擊向正西；隨之向正西上左步；右掌下按置於腹部，左掌擊向正西成左弓步；目順左掌食指遠視。（圖3-40）

圖 3 － 39

圖 3 － 40

　　向右轉腰的同時雙掌齊動，左掌找右肘窩，右掌向上、往東反臂，同時背往後靠，掌向正東擊出；隨之重心移向左腿，外展右腳掌，繼續向右轉腰；左掌由後向上、向東走一個立圓，向東擊出，右掌回撤右腰間；同時重心移向右腿成右弓步；回頭看右手。（圖 3 － 41）

圖 3 － 41

第十四式　右回身捶

接上式。右拳向正東伸出，與對方的腰平，左拳回撤至左太陽穴；此時變成馬步；目順右拳遠視。（圖3－42）

此式為東西方向。

第十五式　右迎面掌

接上式。向右轉腰；雙拳變掌，左掌心朝下，右掌心轉向上，與左掌相合如抱球；隨轉腰蹲身成半歇步，身向正南；左掌心貼於右肋處，右手向正西斜上方上抬，掌心朝東；目順兩手間即西南方向斜上視。（圖3－43）

圖3－42　　　　　　　圖3－43

　　向左轉腰，同時向正東方向上左步；隨上步向前進身的同時，右掌向正東前方出擊，左掌不動，貼在右肋處成左弓步；目順右掌向正東方向遠視。（圖3-44）

第十六式　左回身捶

　　接上式。向右轉腰；右掌變拳回撤於右太陽穴處，同時左掌變拳從腰間擊出，方向正東，高與腰平；重心移向兩腿成馬步；目順左拳向正東遠視。（圖3-45）

圖3-44　　　　　　　　圖3-45

第十七式　後移單鞭

接上式。向右轉腰，重心移向左腿和腳掌，右步後移；同時右拳變掌隨步後擺擊，掌心朝下，左拳變掌，掌心朝上；目順右掌遠視。（圖3－46）

向左轉腰；隨之左掌擺向後即正北方向，掌心朝下；同時重心移向右腿，左腳隨之撤到右腳旁；兩掌回收到兩肩，肘下垂貼於肋處，掌心分別朝向東西；重心在右腿成半蹲式；目順左手向正東方向遠視。（圖3－47）

圖3－46　　　　　　圖3－47

兩臂隨腰左右擺動；同時猛開左步向正東鑱出；兩掌猛力推出成馬步；目順左手向正東遠視。（圖3－48）

歌訣中有「雙手推出拉單鞭」之句，是李式太極拳的單鞭式。

圖 3－48

第十八式 左右打擠（左右式）

接上式。向右轉腰；左臂橫，變成擠式，右手回收，掌心對準左腕脈門；同時隨轉腰，左腳跟在右腳旁，腳掌虛點地面；目順左前臂向東南方向遠視。（圖3－49）

圖 3－49

　　向東南方向出左步，同時進身變成左弓步；右手擠出在左腕處；再向右轉腰，向後插右步；隨轉腰兩手向右旋轉，掌心朝外變成将式；重心在左腿；目順左手向東南遠視。（圖3－50）

　　向東南進左步的同時進身、向左轉腰；右手打向左手腕成擠式，變成左弓步（**此式為爆發力動作**）；目順左腕向東南方遠視。（圖3－51）

　　以上便完成了向左打擊動作。

圖3－50　　　　　　　　　　　　圖3－51

　　向右轉腰，同時進身跟右步，再向西南進右步成右擠式，再向西南後插左步，同時向左轉腰，再出右步，同時進身向右即西南方向打擠成右弓步（**右打擠與左打擠動作相同，姿勢相反，左打擠是東南方向，右打擠是西南方向**）；目順右手腕向西

圖3－52　　　　　　　　　圖3－53

南遠視。（圖3－52）

　　「左右打擠」動作完成（左右打擠都是發力動作）。

第十九式　左右白鶴展翅

　　接上式。向左再向右走一小腰圈，同時跟步立身；右腕向西南上方掤，左掌撲在右腕處；身體向正南，目向正東斜下視，重心在右腿。（圖3－53）

　　重心移向左腿，同時高抬右腿；隨之左掌斜下向正東切出，身體微向東傾斜，同時右腕勾變掌上撐；目順左掌斜下遠視。（圖3－54）

　　落右步；左手向下、向右走一弧形去找右肘，右手從上向下找左肘窩，向正西斜下方切出，同時

圖 3－54

圖 3－55

左掌上撐；隨之左腿高抬，身體微向西傾斜；目順右手斜下遠視。（圖 3－55）

落左腿，向正西後方插步；同時左手向下、向右找右肘；隨之向正西出右步，重心移向右腿；右手再找左肘窩，隨之左掌上撐，右掌斜下向正西切出；高抬左腿，身體微向西傾斜；目順右手斜下遠視。（參見圖 3－55）

白鶴展翅共做三個，第三個為發力動作，一左二右。「左右白鶴展翅」到此完成。

第二十式　左右探馬捶

接上式。抽身落左步，同時向左轉腰，扣右

腳，向東北45°出左步；隨轉腰兩掌變拳護面；同時重心移向左腿成半左弓步；目順右拳向東南遠視。（圖3－56）

向前進身成左弓步；同時，右拳從面前擊向東南，高與面平，左拳後撐在左太陽穴；目順右拳向東南遠視。右探馬捶完成。（圖3－57）

圖3－56

圖3－57

抽身跟右步；右拳回收，與左拳同時護面；目順左拳向東北遠視。（圖3－58）

向東南開步；左拳擊向東北，微比肩高，右拳後撤至右耳旁；重心右移成右弓步；目順左拳向東北遠視。（圖3－59）

至此，「左右探馬捶」完成。

圖 3－58

圖 3－59

第二十一式　左右金雞獨立

接上式。立腰，跟左步於右腳旁，腳掌虛貼地

圖 3－60

面，同時向右轉腰；
左右拳變掌，同時擺向
正南，兩掌心相對；目
順兩掌間向正南遠視。
（圖 3－60）

　　向左轉腰，向正東
上步；同時，左手背向
東撩出，形成腕打撩襠
動作，右手也同樣向

東撩出，一前一後；同時進身提右膝；雙手變勾，右手在耳側，左手在胸前成左獨立式；目視正東。（圖3－61）

第二十二式　左右倒攆猴

接上式。空胸，向身後正西坐腰，同時向後墊左步（跳躍動作）；右掌向正東前擊（坐腰、墊步、擊掌三者同時完成），此為發力動作。隨之左掌下按；右腳後撤成左弓步；目順右掌向正東遠視。（圖3－62）

重心向後移向右腿，立身，提左膝要高（歌訣有「金雞獨立腿高提」之句，技擊部位是對方的襠

圖3－61

圖3－62

圖3-63　　　　　　　圖3-64

部）；同時左腕上提，右腕置於胸前；目視正東。
（圖3-63、圖3-64）

第二十三式　摩雲掌

接上式。向左轉腰；左掌隨之擺向東北方向，
右掌擺向正東；同時跟左步向前扁踩步，進身，重
心移向左腿；同時左掌圈回插向右肘下；目順右手
向正東遠視。（圖3-65）

繼續向左轉腰；兩掌擺向偏西北方向；再往回
轉腰，同時進身，上右步扁踩；隨之左掌擺向正
東，右掌下按置於右肋處；目順左掌向正東遠視。
（圖3-66）

向左轉腰的同時進身上左步，置於右腳旁，腳

圖3-65　　　　　　　　圖3-66

掌虛點地面；隨之右掌擺向正東，左掌穿向右肘下，同時右肩上提，左肩下斜；蹲身，向東北方向出左步；兩掌下按，重心在右腿；目順左手斜下前視。（圖3-67）

圖3-67

　　向東北方向進身；同時兩掌隨進身穿向斜上方；隨之跟右步，右腳落在左腳旁，起身直立；目順左手向東北遠視。（圖3-68）

　　「摩雲掌」動作到此完成。

圖3-68

第二十四式　金雞抖翎

　　接上式。向右回頭轉腰；右掌下按到小腹，左掌回圈胸前；同時蹲身，向東南方向上右步，左腳緊跟，再向東北方向邁出；隨之兩手向南北方向分開；目視正東遠方。（圖3-69）

　　右步緊跟落在左腳旁，腳掌虛貼地面；同時兩臂從兩側上舉過頭，立身，掌心朝向正東；目視遠方。（圖3-70）

鬆手指，鬆腕，下按至丹田，同時蹲身，腰間抖動雙掌撞出；隨之震右腳，左腳後撤成右弓步（**此動作為發力動作**）；目順兩掌之間向正東遠視。（圖3-71）

「金雞抖翎」到此完成。

圖3-69

圖3-70

圖3-71

第二十五式　雙風貫耳

接上式。右步後撤到左腳旁不停，再向東南方向上右步，左步緊跟到右腳旁不停，再向東北方向上左步，右腳再緊跟到左腳旁，走一個三角步；兩臂隨轉腰和腳步的移動左右劃弧，兩臂向正東方向平圈，高與肩平，拇指朝下，手背朝上，虎口相對，約一頭遠；同時立身；目順兩掌間向正東遠視。（圖3-72）

鬆手腕，兩掌同時向後經腋下向正西平行穿出；同時蹲身，震右腳，左腳後撤成右弓步；兩臂左右分開平圈向正東猛擊，虎口相對約一頭遠，拇指朝下；目視正東遠方。（圖3-73）

圖3-72　　　　　　　圖3-73

此動作是又一個發力動作。「雙風貫耳」到此完成。

第二十六式　臥牛捶

接上式。向後坐腰；同時雙掌回捋；重心移向左腿；目視東方。（圖3－74）

左掌向正西後撩；同時向左轉腰，重心移向右腿，右腳跟為軸，腳掌裡扣，左腳跟回收；目視西方。（圖3－75）

繼續向左轉腰；雙掌變拳，同時蹲身成歇步；隨轉腰左拳向上、向後即正東方向，右拳向下、向前即正西方向擊出（擊襠動作）；目視右拳。（圖3－76）

圖3－74

圖3－75

「臥牛捶」到此完成。

圖 3－76

第二十七式 左右指腳

接上式。長身，雙拳變掌下落腹前；重心在左腿成半蹲式，身體向正西；目視西北遠方。（圖3－77）

繼續長身直立，同時提右膝；隨之兩掌上提胸前，右掌同右腳同時向西北方向指出，腳面挺直，腳尖指出，高度是對方的心口；手指向對方的面部，左手同時指向正南，比右手略高；目順右手向西北遠視。（圖3－78）

落右腳，置於左腳旁，成半蹲式；隨之雙掌下

按至腹；再長身，提左膝；雙掌隨提膝置於胸前，左掌同左腳同時指向西南，右掌指向正北；目順左手向西南遠視。（圖3－79）

「左右指腳」到此完成。

圖3－77

圖3－78

圖3－79

第二十八式　如封似閉

接上式。落左腳置於右腳左前方；同時左掌從上向右捋至西北，右掌從上向下、向前與左臂交叉成十字；上右步，腳跟落地、腳尖上托向裡扣，雙膝相碰；目順雙掌中間向西北遠視。（圖3－80）

向右轉腰；同時雙手左右分開，與肩同寬，外勞宮穴與眼平，手心朝向正北；目順兩手中間向正北遠視。（圖3－81）

圖3－80　　　　　　　　圖3－81

向前進身，重心移向右腿，同時向左轉腰；左手隨腰轉向正西，右手從上向下與左手交叉成十字，右手在外；上左步，腳跟落地，腳尖上托向裡扣，雙膝相碰；目順雙掌中間向西南遠視。（圖

3-82）

　　兩手左右分開，與肩同寬，手心朝外；同時向左轉腰，面向正南；目順雙手中間向正南遠視。與上動相同，姿勢相反。（圖3-83）

圖3-82　　　　　　　　　圖3-83

第二十九式　玉女穿梭

　　接上式。向前進身，重心移向左腿，同時長身，跟右步，右腳落在左腳旁，腳掌虛點地面；隨長身雙手上掤，高與頭平；微向右轉腰，身體向西南；目順兩手之間向西南遠視。（圖3-84）

　　繼續向右轉腰，同時向東北上右步，隨之蹲身，左腳向東北後插成歇步；同時右掌從上下落走一弧形，再向東北上掤，手掌外撐，食指回指右眉

梢，有上架之意，左手與右手是同時從上下落走一弧形，從胸前至右肋出擊；目順兩掌之間向東北微向上遠視。（圖3-85）

圖3-84

圖3-85

圖3-86

起身，雙掌隨之向上，繼而向左轉腰，手走弧形下落；同時向正東上左步，蹲身，向正東插右步成歇步；隨之右掌從胸前向正東出擊，左掌上掤，食指回指右眉梢；目順兩掌之間微向上遠視。（圖3-86）

「左右玉女穿梭」動作相同，姿勢相反（「玉
女穿梭」在老的套路中是四個，由高瑞周改編，取
消了兩個重複動作）。

第三十式　織女紉針

接上式。向右轉腰回頭，微起身；隨之左掌從
頭上向正西再向下蓋，右掌從身前向下再向正西
穿；同時上右步成右仆步；目順右手斜下前視。
（圖3－87）

重心前移成右弓步；同時右掌穿向正西，左掌
向後正東方向撩出，兩臂成平行；目順右手向正西
遠視。（圖3－88）

此式為「穿襠靠」。

圖3－87　　　　　　　　圖3－88

第三十一式　裡雲手

接上式。右掌上挑過頭；同時跟左步，與右腳並齊立身；右掌左雲，同時向正西出步；左掌向上過頭雲，再往下，手心貼小腹，右手向下走圓弧，再往上過頭；同時跟左步，與右腳並齊立身，面向正南；目向正南平行遠視。（圖3－89）

圖3－89

裡雲手走兩個。所謂「裡雲手」是李式太極拳的特點，一般的雲手是從面部向外雲，而裡雲手是從外向裡過頭雲擊。

第三十二式　合太極

接上式。右掌下落，同時蹲身，左掌上提至胸

前，手心朝下，右手找左手，先中指相接，再食指相接，後拇指相接；同時起身，隨之雙手下落，目順食指裡側下視。最後雙手心貼在小腹處，拇指和食指中間套在肚臍上，稱為「三環套月」。意想向左轉三圈，再向右轉三圈，雙手放下；抬頭目視正南遠方，然後三呼吸。（圖3－90）

　　到此，「合太極」動作完成。

圖3－90

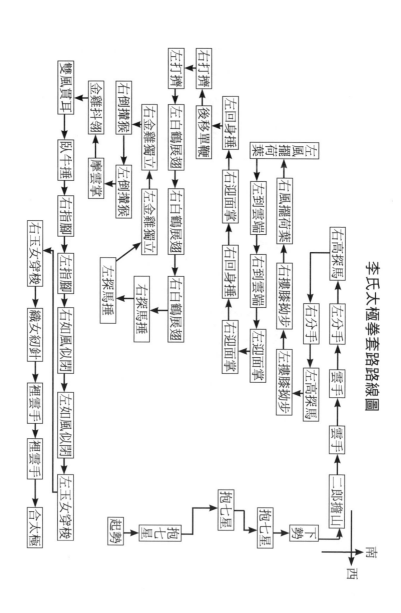

李氏太極拳套路路線圖

第四部分

推手

關於「太極拳推手」，很多太極拳老前輩都有這方面的著述，寫得非常生動、非常精細、非常高深，也非常複雜，對初學者而言，很難理解其中奧秘。筆者前言中交待過，撰寫本書的目的和出發點是太極拳及推手在全民健身運動中的普及和推廣，所以本文講的推手，主要是太極拳初學者的入門普及教育。

針對現代社會中的中老年人群和長期在辦公室以電腦為工具工作的「白領」群體，出現的腰痛、頸椎病等疾病，希望透過重點以養生健體為目的的太極拳及推手的訓練，能夠給大家的身體帶來更多益處。

根據觀察，在晨練時打太極拳的人占多數，而推手的人很少，這對於學太極拳者來說是不全面的。推手不容輕視，應在社會上加以重視。

練太極拳為什麼還要學推手呢？因為太極拳推手和盤架子是太極拳一個整體的兩個部分。盤架子主要是從動作當中鍛鍊自身的平衡，隨著動作的變化，始終能保持身體的重心穩固，練的是知己的功夫。而推手是練知彼的功夫。

另外，還要明確，推手不是技擊，推手的初級階段是屬於養生範疇。

　　盤架子是一個人練，推手是兩個人對練，可以提高興趣，如同遊戲。二人心平氣和輕搭手，互不較勁，沾在一起，你來我往，我去你隨，始終手不離開，前進後坐、一來一往輕鬆自然。二人推上五分鐘身上見汗，舒服而不累。

　　過去把推手作為技擊方法，而沒有重視它的養生效果，應當扭轉這種觀點。推手是一種感覺運動，是對身體神經末梢的鍛鍊，能達到極高的靈敏性，動作反應快速，所以說和盤架是不可分割的一個整體的兩個內容。但也不要過早地學推手，甚至不練拳先學推手，那就成了本末倒置了。如同不上小學就上中學一樣。

　　要明確盤架子是為了給推手打基礎，推手是練太極拳的高級階段。應該先在盤架子上多下工夫，要盤到「心能靜」「體能鬆」「式能正」「運能圓」「動能舒」「走能勻」「起能靈」「落能穩」的程度，也就是把自己身上的拙力練掉，有了一定的水準之後再學推手。這樣進步快，技藝容易上身。

一、推手原理

　　推手的原理並不複雜，關鍵就在下工夫上，多推多練，逐漸進入懂勁的階段。

兩個人的手腕互相搭著往返循環推動，要有皮膚與皮膚之間的細微感覺，用力大小、輕重與虛實的變換，用感覺能瞭解得非常清楚，這就是從初級進入懂勁階段。時間長了，神經系統的感覺就更加靈敏。拳論講：「懂勁後愈練愈精。」推手到了高深水準可以防身禦敵。

二、推手的主要分類

推手主要分為兩類：定步推手和活步推手。我們這裡只講定步推手。

所謂定步推手就是後腳不能動，動就為輸招，實在化不開，前腳可以移動。初學者以定步為基本功，要循規蹈矩，規規矩矩地練習，不要急於求成。先由單人單手練習，先練單手平圓，再練單手立圓。左右交替練習，練熟之後再練雙手四正手。所謂四正，就是八法之中的前四法，稱「掤、捋、擠、按」四手。

待自己單人練得非常純熟之後，方可由兩人對練，這樣練習進步快。兩人對練就增加了難度，因為二人的皮膚相接進入感覺境界，也是先由單手平圓開始，再練立圓，最後雙手四正手。特別是在四正手上要多下工夫。

　　要按照拳論上所講的認真細心地練習,「掤、捋、擠、按須認真,上下相隨人難進。任他巨力來打我,牽動四兩撥千斤。引進落空合即出,沾黏連隨不丟頂」。這是推手技法的基礎之基礎。

　　下面講練習方法,武術以單人練套路為多,但拳諺講:「演練似有人,實戰似無人。」練習單人推手也是一樣。雖然是自己練,從心理意識上就是兩個人在互相循環不息地推動著。

三、單人平圓推手練習

　　自然站立,以個人腳的長度為尺寸,橫開一腳遠,再往前邁出一腳遠,稱為正步。

　　出左、右腳都可以,以胸為中心,以兩肩為高度劃圓周。想像對面有一個人,和自己站的一樣,胸對胸,腳對腳,我出左腳,他也出左腳,都是向前一腳遠。橫開一腳遠。我的腳跟和他的腳尖在一條水平線上,我的腳尖和他的腳跟在一條水平線上,很平均。誰也不吃虧,誰也不占便宜。

　　我出右手,他也出右手,兩手背相貼,毫不用力,貼上就行,高度與肩平。假如他平推我的左肩,我就隨著他的手到我的左肩,同時我向後坐步,要坐到家,把前腳坐虛,把重心全部壓在

圖4-1

後腿上。同時我微向右轉腰,手經過胸中到右肩。往外劃圓前進成弓步,找對方的左肩,弓步要弓到位,達到三尖相照的標準。

　　注意:前進、後坐時身體不能左右搖擺,只能前弓後坐,中心始終不能偏,以胸為中心、以肩為高度形成一個平圓的圈。這就是平圓推手,完全是想像對面有人,實為自己單練。平圓推手攻擊的目標是對方的肩頭。(圖4-1~圖4-5)

圖4-2

圖4-3

圖4-4

圖4-5

四、單人立圓推手練習

平圓推到純熟以後再練立圓，身形、步法與平圓一樣，只是攻擊的目標變了，立圓攻擊的目標是對方的臉部和胯部。

例如，雙方搭手，對方平推我左肩，我隨對方手到自己左肩，同時坐步，微向右轉腰，手到胸中往外翻轉，壓住對方腕部，往下按到自己的右胯部，往前推找對方的左胯，同時向前弓步。對方隨我弓步向後坐步，同時微向右轉腰，往外翻手壓住我的腕部到他的右胯，往上抬手找我的面部。我隨對方手到面部，往外翻轉壓住對方的腕部往下按至自己的右胯，坐步再往前推，同時弓步找對方的左

胯。循環無間斷練習。（圖4－6～圖4－10）

反過來再攻擊對方，立圓推手練到純熟以後再
練四正手。

圖4－6

圖4－7

圖4－8

圖4－9

圖 4－10

五、單人四正手練習

單人四正手練習，步法同前，所不同的是，推平圓、立圓都是單手，而四正手是雙手。我出右手，他也出右手，兩手背相貼，我左手補住他的右肘，他左手補住我的右肘，形成一個太極圖的陰陽魚。

我掤他捋，我擠他按，他掤我捋，他擠我按，循環無間斷地練習。（圖 4－11～圖 4－17）

圖4-11 搭手

圖4-12 掤

圖4-13 擠

圖4-14 捋一

圖4－15　挒二

圖4－16　按

　　初級推手的操作方法暫講到這裡。推手的內容很多，如活步推手、大挒、折疊和老牛勁及爛採花等，這些不過是練習推手的各種方法而已。

　　前面講的定步推手是推手的基本功夫。老前輩講推手也是這樣要求的，多在定步推手上下工夫，最終能達到搭手見輸贏的效果。

圖4－17　回到掤手，循環無間斷練習

六、雙人平圓推手練習

　　雙人平圓推手與單人平圓推手步法相同。左為甲，右為乙，下同。（圖4-18～圖4-22）

圖4-18

圖4-19

圖4-20

圖4-21

圖4-22

七、雙人立圓推手練習

雙人立圓推手與單人立圓推手步法相同。（圖4-23～圖4-27）

圖4-23

圖4-24

圖 4-25

圖 4-26

圖 4-27

八、雙人四正手練習

雙人四正手與單人四正手練習步法相同。（圖4-28～圖4-34）

圖4-28　甲乙雙方搭手

圖4-29　甲掤，乙捋

圖4-30　甲擠，乙按

圖4-31　乙掤，甲捋

圖4－32　乙擠，甲按一　　　圖4－33　甲按二

圖4－34　甲按變掤，又回到捋，
循環無間斷練習

九、太極拳的八門五步

　　太極拳的八門五步共合為十三勢的內涵。所謂
八門五步，也可以稱為八卦五行，可以說是太極拳

的總稱，是太極拳最主要的十三種方法。前面八種
是手法，即掤、捋、擠、按、採、挒、肘、靠，也
就是後天八卦的八個方向、八種勁。後面的五步，
即前進、後退、左顧、右盼、中定。

八種勁的方向：掤是正北，捋是正南，擠是正
東，按是正西。採是西北，挒是西南，肘是東北，
靠是東南。

從卦象上看：掤是坎卦，捋是離卦，擠是震
卦，按是兌卦，採是乾卦，挒是坤卦，肘是艮卦、
靠是巽卦。這是太極拳八種手法的八種勁。

八種勁的動作要領。掤手，要求兩臂要圓撐，
也就是「掤要撐，在兩臂」（圖4-35）。

「捋要輕，在掌中」（圖4-36）。

圖4-35

圖4-36

「擠要橫，在手背」（圖4－37）。

「按要攻，在腰中」（圖4-38、圖4-39）。

「採要實，在十指」（圖4-40）。

圖4－37

圖4－38

圖4－39

圖4－40

「挒要驚，在兩肱」（圖4－41）。

「肘要衝，在屈使」（圖4－42）。

「靠要崩，在肩胸」（圖4－43）。

圖4－41

圖4－42

圖4－43

　　五步是十三勢中的五種步法，即前進、後退、左顧、右盼、中定。五行者，金、木、水、火、土。五步的方位，前進是正北，後退是正南，左顧是正東，右盼是正西，中定是中央。

　　五行對應步法，前進屬「水」，後退屬火，左顧屬木，右盼屬金，中央屬土。對應人體，腎屬水，心屬火，肝屬木，肺屬金，脾屬土。這五種步法可在意念的支配下實現。

　　如果我想前進，只要想兩腎和會陰，眼往前上看，就會自動前進。如果想後退，只要想一下兩眉之間的祖竅穴，眼往前下看，就自動往後退。如果想旋轉前進，只要想一下夾脊往實腳的湧泉穴落，就會轉動前進。如果想旋轉後退，只要想膻中內收，眼往下看，膻中往實腳跟上落，就會旋轉後退。如果想立穩重心，只要想三田一條線，就能站穩。

　　以上內容有的是我師王培生所傳，有的是我在常年的習練中自身體會。八門五步就簡單講到這裡。

十、王宗岳《十三勢行功歌》

十三總勢莫輕視，命意源頭在腰際。

變轉虛實需留意，氣遍身軀不稍滯。

靜中觸動動猶靜，因敵變化示神奇。

勢勢存心揆用意，得來不覺費功夫。

刻刻留心在腰間，腹內鬆靜氣騰然。

（有人說「靜」應為「淨」）

尾閭中正神貫頂，滿身輕利頂頭懸。

仔細留心向推求，屈伸開合聽自由。

（有人說「向」應為「詳」）

入門引路須口授，功夫無息法自修。

（有人說「功夫不息在自修」）

若言體用何為準，意氣君來骨肉臣。

（有人說「意氣均來骨肉沉」）

詳推用意終何在，益壽延年不老春。

歌分歌兮百四十，字字真切義無遺。

若不向此推求去，枉費功夫貽歎息。

《十三勢行功歌》為王宗岳著。此歌訣可能傳抄的有筆誤，僅供朋友們學習參考。

十一、清代武禹襄《太極拳論》

一舉動，周身俱要輕靈。尤須貫串。氣宜鼓蕩。神宜內斂。無使有缺陷處。無使有凸凹處。無使有斷續處。其根在腳。發於腿，主宰於腰。形於

手指。由腳而腿而腰。總須完整一氣。向前退後。
乃能得機得勢。有不得機不得勢處。身便散亂。其
病必於腰腿求之。上下前後左右皆然。凡此皆是
意，不在外面。有上即有下。有前即有後。有左則
有右。如意要向上。即寓下意，若將物掀起而加以
挫之之力。斯其根自斷。乃壞之速而無疑。虛實宜
分清楚。一處有一處虛實。處處總此一虛實。周身
節節貫串。勿令絲毫間斷耳。

第五部分

馬金龍中外弟子

傳承表

李式第三代傳人
吳式第五代傳人 馬金龍

中外弟子傳承

仲德忠	尹昭	李毅	侯懷丙	國長振
李殿貴	于林英	紀雍睦	袁光勝	王素琴
馬玉芳	佟祿	王則平	張國志	李倫
田耀華	劉東來	李志申	孟慶福	劉淑媛
徐明葆	張曉省	辛德海	時桂祥	楊鳳娥
郭昆	吳文娟	盧志宏	陳興和	李同生
劉金高	余武廣	王進成	林玉湖	吳全勝
侯貴平	張寶華	李之峰	段俊紅	馬繼承
于海華	韓清堂	柴文鵬	楊敏花	王建東
和利蘋	王新生	宋希堅	徐英龍	施淑超
張巍	翟毓杰	孫紹峰	張秀香	丁淇
龔希明	崔玉珍	施丕新	辛鵬飛	高煒
徐群	陳桂蘭	張蘭桂	孫蘭英	吳有新
劉忠鳳	高建麗	李京麗	延順榮	康增強
張素琴	張秋菊	楊素芳	周之華	武景惠

陳海鋒	郭愛勉	王建業	楊巧蘭	林香柳
杜德利	陳菊梅	周菊花	葛關渝	李鳳海
任世良	李世文	劉秀英	蔣澤鈞	左　平
張興福	王淑娟	閆愛芹	趙玉燕	韓景慶
王梅青	畢　洪	婁繼志	張予東	郭素瑛
楊玉蘭	潘寶鴻	李永順	馬紅菊	任秋雲
顧學鳳	郎秀芳	白蘭香	沈素敏	張寶林
李　新	顏龍豪	馮秀玲	韓新雁	普禮凱
郭曉惠	單　卓	許　靜	孫慧筠	崔美英
郭嶺梅	趙克莉	魏秀榮	楊鳳起	陳廣義
余泰易	任文利	何志德	柳光磊	劉廷起
魯　汶	張翠雲	薛青鸞	鐘德宇	劉曉芬
李錦紅	鄒　宏	李金葉	閆松山	武克廣
張　軍	魏東升	趙彥娥	李振良	劉志田
汪憲敏	郝京萍	王　忠	劉志萍	廖朝暉
白金鳳	郭長發	李朝暉	李牧陽	李雲香
陶麗華	徐偉華	李志輝	單岳峰	陳麗群
李鐵昌				

附錄一

李瑞東逸事

李派拳法創始人姓李，名樹勳，號瑞東，又號煙霞逸士。清朝直隸武清城內人氏。生於1851年（清咸豐元年），卒於1917年（民國六年）。

李瑞東先生一生歷經六大名師傳授武功，得內、外家各大門派的武學真諦，後融會貫通，將自己所得各大門派之精華熔冶於一爐，創李派太極拳。並繼承了各大門派的各種拳法、器械、內功功法、輔助功法等極其豐富的內容，武林中統稱為李派拳法。

李瑞東先生生於武清城內一殷實之家。其父李小歧，縣衙吏員，精通醫術，家有良田四十餘頃，房屋八十餘間（李宅是一座極具藝術價值的古建築群），並辦有藥材生意，開設有「濟生堂」藥店，在當地聲譽極好，生意興隆。

先生自幼年起即癖好拳棒，初練少林等外家拳

術。青少年時代跟隨河北饒陽戳腳門大師李老遂先
生學習河北名拳戳腳門拳法。青年時代與大刀王五
（王子斌）義結金蘭，互換拳藝，得王五所傳「山
東教門彈腿」之精妙。先生天資聰穎，甚至有過目
不忘之能，且練藝十分刻苦，到了成年時，已經練
出了一身超群的武功，而且屢戰屢勝，未嘗敗績，
所以在當地很有些名氣。

　　光緒六年四月二十八日，忽有京城惇王府管事
官姓王，名永泰，號蘭亭者（時年五十有餘），奉
差由京赴坨，從武清經過。因蘭亭與李家乃世交，
順便到李宅看望李瑞東先生之父李小歧，並借宿於
李宅。

　　王蘭亭（永泰）乃太極拳大師楊露禪之大弟
子，早年學十二連拳周岳圖（為心意拳的一個分
支），後隨楊露禪學習太極門拳藝，得其真諦。露
禪師逝世後，又於光緒初年拜董海川先生為師學習
八卦門技藝。蘭亭所練皆內家拳術，武功早已出神
入化，但其深藏不露，為人謙遜，待人彬彬有禮，
從不與人談論武技。

　　這一次也是緣分，蘭亭在李家受到了款待，晚
宴後與李瑞東燃燈閒話，二人偶然談及拳勇，越說
越投緣。隨之，到武書房大廳內一試身手，結果李

瑞東先生三戰皆北。先生想自己苦練多年，竟然一敗塗地，十分沮喪。

後問蘭亭所學何門，為何師所傳，並問京城有一最著名者楊班侯是否認識。蘭亭答道：「他非外人，乃是我師弟，楊老師之次子也。」李瑞東先生此時方知得遇真傳，跪拜於地，欲拜蘭亭為師。蘭亭因兩家為世交，與李瑞東同輩，所以不肯為師。後蘭亭代師收徒，二人結為師兄弟。

此後，李瑞東隨師兄進京，在惇王府當了莊園處的官員（為從五品）。因莊園處的公務為季節性，一年中僅有秋後一段時間忙一些，而平時絕大部分時間賦閑，所以李瑞東先生將主要精力都投入到拳藝中。

先生和王蘭亭久聞內家拳名家岳青山（又名月二爺）身懷岳家拳絕技，二人隨至誠求教，拜為門下（第四位老師）。岳青山乃是岳飛的嫡傳後人。岳家拳自古不傳外姓，只在本族內傳習；如有傳外姓者，要按門規在祖師爺台前金盆放血，以正門戶。岳青山將岳家真傳「心意十二形拳」「岳家八畝槍」「勇戰心意槍」傳與先生和王蘭亭後，自此出家不再還鄉。

岳青山出家後，先生和王蘭亭曾多次前往看望

師母岳二奶奶。一次先生與王蘭亭前往探望師母，蘭亭曰：「師母輕功最好，這次您老得給我師弟露一手功夫看看。」岳二奶奶聞言，放下手中八十斤重的鐵拐棍說道：「好，你二人且在裡屋，我面朝內坐在外屋門欄，聽我擊掌，你二人速來追我。」蘭亭和先生應允。

掌聲響後二人飛身追出，已不見師母身影。來到院中發現師母已坐在屋脊之上。老人偌大年紀，輕功如此高超，使二人驚歎不已。

岳家拳術屬內家拳，練法、打法絕妙，以兇猛刁鑽見長。「心意十二形」拳術盡是吸取飛禽猛獸之絕技研習而成。岳夫子云：「吾門十二形拳取飛禽走獸，生龍活虎之神。飛走跳躍、文、義、理、悟而習文效，而練之外，身體內蓄精、氣、神。故云練成心意十二形天下無敵手也。」

先生在練「心意十二形拳」時，常露出飛禽猛獸之絕技，使觀者心驚膽戰，不敢正視其態。先生練習操法時，常練熊形蹭背磨肩之功，在院中壘一丈多高的土坯牆，然後用背在牆上一磨一蹭，牆壁立時塌倒。

曾有一富豪人家為少爺聘請武術教師，托人將先生請到家中，在談話中主人看先生身軀胖大，鼻

尖扁平，說話嚷聲，從外觀上有些看不起先生，並問：「先生有何等功夫？」先生已看出其意，說：「我沒什麼大本事。」說著就往外走，走到大門影壁牆時，回身抱拳向主人說聲「告辭了」，而這時已背貼影壁了，就見先生一磨一蹭，影壁牆立時倒塌。主人見狀甚為驚歎，急忙施禮：「先生請屋裡坐！」先生揚長而去。

先生不僅力大無比，輕功也頗見功夫，每天早晨起來散步，常以一手輕扶年幼兒子頭部，在沙土地面走過不留腳印。

據李派前輩傳人說，李瑞東先生進京後曾向董海川先師學過八卦掌。所以與董海川的弟子尹福、程廷華、劉寶珍（貞）等人以師兄弟相稱，並且來往密切，此一說法需進一步考證。

筆者以為李瑞東先生更側重於太極拳和心意拳，不大可能是董海川先生的入門弟子，很可能只是寄名弟子。所以在董海川先生的墓碑上沒有李瑞東先生的名字，但是卻有王蘭亭（即王永泰），李瑞東所學八卦掌很可能得自王蘭亭（永泰）、程廷華、尹福等。因為李瑞東先生所傳八卦掌，只有為數不多的弟子學到，如陳繼先等人。

李瑞東先生為了練習八卦掌功夫，用鐵製錢串

連，做成鐵上衣一件，每於練習八卦掌套路時穿上。據李派老前輩所說，重達八十餘斤的鐵上衣穿在身上，先生在練習八卦掌套路時仍能靈活自如，隨著先生的左右旋轉，鐵上衣猶如傘一樣忽而轉開，忽而閉合，十分壯觀。而一般人穿上它別說練拳，就是行動起來都是困難的。此件練八卦掌專用的鐵上衣，李瑞東先生的後人保存多年，直到「文革」中被抄。

先生在惇王府任職期間，有河南嵩山少林寺掌門武僧龍禪法師（一說是海川）因久聞京城王教師（即王蘭亭）之名，遂進京訪王蘭亭於端王府。龍禪法師與王蘭亭比武較技時，剛一出手，便覺遠不是蘭亭敵手，以為少林輕功必能勝蘭亭一籌，遂施展輕功騰越房舍而去，良久，停下喘息，忽聞身後蘭亭道：「法師何故而逃？」龍禪法師驚回首，見蘭亭面帶微笑立於身後，大駭。急忙跪地道：「情願以師事之。」

蘭亭忙攙起龍禪，道：「法師此言差矣！少林拳法自古名揚天下，倘若法師今日拜我為師，則少林之名毀於我手，今結為兄弟可也。」從此龍禪法師與王蘭亭、李瑞東等人結成了兄弟。

龍禪向王蘭亭學習太極拳法，並將自己所學少

林拳法悉數傳給了李瑞東先生。這就是李派繼承了正宗的少林拳法的由來。其內容包括六合八式、金剛八式、文功八式、武功八式、六十四式、羅漢拳一百零八式、五路佛拳等套路，這些內容樸實無華，實戰性強。功法有少林痲甲功（也稱披痲甲）、朱砂掌、達摩易筋經、十三太保橫練、蛤蟆功、鷹爪功、金鐘罩等等。

李瑞東先生在清宮任職期間，經常到京城的古董店購買瓷器，有一家古董店是江寧人開的，老闆姓甘。先生與甘老闆很熟，但是並不知道甘老闆會武功。甘與李先生經常開玩笑，有一次二人戲鬥間，先生發現甘老闆是位高手，二人試手後，李先生贏了甘老闆。甘對先生的武功很是驚訝，不久甘離京。

後來甘老闆帶來一位老者，時年108歲，鶴髮童顏，健步如飛。李先生一見便知老者乃世外高人，對老者十分恭敬。經過試手，李瑞東先生負於老者，方知老者乃大俠甘鳳池之曾孫甘淡然，字霈霖，是一位武當金蟾派太極高人。

甘淡然對先生的武功也非常欣賞，因為甘淡然使出了絕技「釣蟾功」中的「大蟾氣」（人稱吞氣法）才贏了李先生。從此，李瑞東先生拜甘淡然為

師，得甘師武當金蟾派太極功之真諦。該派為張三豐的弟子金蟾子所傳，故而名之，傳有多種拳法套路和功法絕技，有沾、黏、連、隨和離、沾、隨兩種不同的打法。其中「離」「沾」「隨」的打法與各派太極拳迥異。「離」是「沾」的破解之法，離與沾是一對對立、統一的矛盾。能沾能離，沾離自如者方稱太極高手。

　　李瑞東先生曾經在武清城內有一段逸事：庚子之後，李瑞東先生從清宮辭職回到武清家中，一心研究武學，傳授弟子。

　　一天傍晚，家中忽來人請先生出診，先生帶一小徒弟同往。病人家住本城某胡同內，待先生與徒弟來到胡同口，徒弟忽然止步不前，道：「老師，我們繞道走吧。」先生問道：「為什麼？」原來胡同口住著一家很霸道、也很有勢力的人家，此家人豢養了四條獒犬，個頭兒像小毛驢一般，十分兇惡，而其家人從不加以約束，以致四條惡犬咬斷街巷（曾經咬死過乞丐），胡同內居住的人家敢怒不敢言，寧願繞道而行。

　　先生聽罷大怒，斥責徒弟膽小，一定要從胡同口進入不可，徒弟只好硬著頭皮跟先生進胡同。行至那家門前，四條巨犬狂吠著撲出，先生急忙將徒

弟舉起。此時四條巨犬分別咬住先生雙腿猛拖，忽聽先生大喝一聲：「咳！」四條巨犬滿嘴流血，慘叫著逃回大門，原來四犬的牙齒皆被先生的麻甲功崩掉。此後那家的四條巨犬也就廢掉了，行人也敢於從胡同口進入了。此事受到眾人的交口稱讚，在武清城內傳頌多年，很多人當作故事講述。

李瑞東先生藝成之後，王蘭亭先生隱入深山入道門，臨行前留《進山圖》一張。後來，端王載漪拜李瑞東先生為師。到了1894年，逢西太后六十大壽，端王載漪帶李瑞東先生及其弟子李進修到頤和園為西太后六十大壽表演武功祝壽。師徒二人以卓絕的武功博得全場驚歎，從此被西太后留在清宮任二等侍衛並在侍衛處兼任教師。

眾所周知，宮廷侍衛皆各派頂尖高手，被稱之為大內高手。李瑞東先生剛一進宮就被授以如此高的職位，引起了許多大內高手的不滿，紛紛提出與先生比武，皆被先生一一擊敗。

其中有一位練母子門武功的侍衛張彬儒者尤甚，因張彬儒家裡曾經是賣包子的，故人稱「包張」。他多次出言不遜，後經宗人府官員牽線，將二人請至宗人府一個廳內，李瑞東先生端坐在椅子上讓張彬儒出招。張見先生如此不把自己放在

眼裡，大怒，發狠勁向先生進攻，只一招，眾人聽到一聲巨響，張彬儒不見了，木隔牆上出現了一個洞，張彬儒倒在隔壁房間裡呻吟著。良久，張彬儒來到先生面前，跪在地上磕頭不止，欲拜先生為師，先生不允，張長跪不起。

本來先生對張很是反感，不願收他為徒。見他不起，就托詞說道：「你已經對我無禮了，我不能收你為徒。你如果願意跟我學藝，除非拜我為師爺。」但是沒有料到張彬儒竟然高興地連聲叫了三聲師爺，話已出口，先生只得收他入門，讓自己的大弟子李進修做張的老師。但是此後張彬儒對先生言恭意敬，先生也就親自傳他武功。視作弟子一般，但是輩分不能更改，張彬儒一直稱先生為師爺。

其實張彬儒的年齡很大，只比先生小十來歲。後來張彬儒成為北京武術界的「九老」之一，這是後話。

李瑞東先生一生失敗過兩次，第一次失敗後從外家轉入內家，第二次失敗後又得武當金蟾派太極真傳，經歷兩次失敗，卻因此跨上了兩大臺階，使自己的武功進入化境。所以，這兩次失敗對習武者來說是一生中難得的好事。

　　李瑞東先生從不諱言失敗，並將自己的失敗記錄下來，寫進拳譜，留給後人，讓後人謙虛謹慎，引以為戒。先生的胸懷是何等的寬闊！有些人卻自吹一生從未輸手於人，聲言以某拳打遍天下者，其實他真的打遍天下了嗎？一生從未輸手者也許有之，不過可以肯定的是，他根本就未遇到真正的高手。

　　庚子年，八國聯軍入侵，先生曾經參與抗擊聯軍，在城中與聯軍周旋。先生手持寶劍，殺死洋兵多人。後被聯軍士兵包圍於一四合院內，院內有水井一眼，時天色已晚，先生施展絕技「縮身法」入井中（因水井口小，先生身體胖大），貼身於井壁。聯軍進入院中，向井底放了一陣亂槍後離去，先生奇跡般生還。

　　兩宮回鑾後，先生與弟子李進修辭職回武清，從此在家中研究各派拳學，所謂李派太極拳就是在這時所創。先生將平生所學內外家各門派拳法之精華融會貫通，熔冶於一爐，創造出自家一派拳學，武林中人稱「李派太極拳」。

　　李派太極拳從總體上按「天」「地」「人」三才，分為「天盤拳」三十六式，「地盤拳」七十二式，「人盤拳」一百零八式。天盤拳是最高拳學，

拳和器械都在上盤。練習該拳需要有良好的輕功基礎，所以李瑞東先生的弟子中僅有少數幾位得到該拳的傳授，而且只傳到第二代，到第三代便已失傳。

地盤拳即「太極八法奇門拳」和地趟圈七十二式，現存七十二路「太極八法奇門拳」該拳是李瑞東先生將甘淡然先師所傳的內容結合岳青山的岳氏心意六合拳創編的，過去武林中說李派有「文太極」和「武太極」兩種太極拳法，奇門拳即是所謂「武太極」。之所以稱之為武太極，其原因是該拳發勁動作多，剛柔相濟，講「離奇閃轉」，演練時要「放勁放氣」，結合釣蟾功中的「吞氣法」進行，演練此拳猶如排山倒海，山崩地裂，頗具氣勢。步法、進法走八卦之奇門，因而也有人稱為「太極八卦奇門拳」。

此拳在實戰中講究「離」「沾」「隨」的打法，專克一般太極拳的「黏」的打法。一般太極拳側重於柔中剛，而奇門拳則是側重於剛中柔。

「人盤拳」即是流傳較廣的「太極五行捶」（不應作太極五星椎）一百零八式，李瑞東先生在多年的太極拳實踐中，看到了傳統太極拳套路存在著架子單的弊端，即拳勢有左無右，或有右無左，

有上無下，有前無後，人們稱傳統太極拳套路為「半架太極拳」。而李瑞東先生博採眾家太極拳之所長，結合岳氏心意十二形創編的太極五行捶則因拳勢對稱而被稱之為「整架太極拳」。

李瑞東先生所繼承的釣蟾功可謂一種不可多得的內功絕技，其中的「大蟾氣」就是能直接運用於實戰的一種功法絕技。

當年李瑞東先生在與徒弟們試功夫時，十幾個弟子依次雙手搭在前邊人的肩上，最前邊的一個雙手搭在李瑞東先生的胸前，先生猛一吞氣，十幾個弟子就像觸了電一樣，個個痙攣著癱軟在地。先生家中一頭大犍牛受驚跑了出來，橫衝直撞，無法制服。家人叫先生，先生迎上去一手抓住牛角，另一隻手在牛的肋部拍了一掌，牛頓時仆倒在地，口吐鮮血而死。武清城裡的屠戶李八將牛剝開後一看，見其牛斷了三根肋骨，且五臟淤血。此事本來非常確鑿，後來越傳越神，有人說牛骨皆被震碎。

多年前，李進修的侄子李仰真老人對筆者講述了上述兩件事，而且李仰真老人和其叔當時就在李宅，還吃過那頭牛的肉呢。後來，在民國年間出版的《北方健者傳》一書中也提到了此事，作者楊明漪是聽程廷華的弟子周祥所說，周祥否定了碎骨之

說，但肯定了李瑞東先生一掌擊斃一頭牛的事。

　　周祥還講述了另外一件事，有一次周祥在李宅時，李瑞東先生叫他閉上雙眼盤坐在石板上，先生伸掌置於周的頭部上方寸餘位置，先生說：「祥子，我把你提起來了！」周祥便覺得身體離開了石板很高，又聽先生道：「祥子，我把你放下來了！」周祥便覺落於石板上。

　　其實周的身體始終未離石板，而是全身氣血隨李瑞東先生的手掌上下起落，所以周會產生錯覺。這就是內功的神奇。據李仰真先生說，當年李瑞東先生在房屋內猛然一抖全身，房屋的窗戶頓時一陣亂響，窗戶紙全碎。

　　先生生性豪俠，仗義疏財，與武林中人交往很廣，無論功夫高低、貧富、地位如何，凡是來訪者先生總是熱情招待，坦誠以對，對於缺少盤纏者，先生總是慷慨解囊，所以先生在武林中的朋友很多。家裡常有食客數十人，武林中送給先生另一個綽號──「小孟嘗」。

　　先生對貧苦百姓頗具慈悲心，每逢災荒之年，總要在京津兩地專設粥棚，整大車地送糧，救濟饑民。先生醫術高超，且有求必應。從不向患者收取診費，對窮人有時連藥費也免去，所以聲譽很高。

但另一方面，先生嫉惡如仇，對壞人從不手軟。在李派的戒條裡就有「七戒見義不為」和「六戒見惡不除」「應救不救無勇無剛」這三條。

早在李瑞東先生於端王府時，有一次在廟會上，遇見一夥「秧子」們欺負一個上香禱告的婦女，先生上前勸解，「秧子」們不但不聽，反而仗著人多圍攻先生，先生只一掌將為首的一個打得牙齒飛出，竟然嵌進柱子裡，該「秧子」頓時倒地不省人事，眾「秧子」見狀立即作鳥獸散。

先生在京期間，京北某縣土匪肆虐，嘯聚五百餘人，劫掠鄉里，官兵屢為所敗。李瑞東先生俠肝義膽，僅帶弟子數人摸入匪巢，驅散徒黨，將匪首生擒，由此可見先生藝高人膽大。此事在民國出版的書籍中也有記載。

還有一次，先生乘轎車攜長女進京購置嫁妝，轎車行至京東采玉時，遇一夥強盜攔路，為首的一個持一把左輪槍，車夫以為這下可完啦，強盜們有槍。李瑞東先生不慌不忙下車，突然閃電般地飛身上前，一掌將為首的那個持左輪槍的打倒在地，其餘匪徒均作鳥獸散。被打倒的那個，當場一命嗚呼，頭骨碎裂，兩個眼球迸出，樣子十分嚇人。李瑞東先生說了聲：「沒事。」就帶長女進京辦嫁妝去

了。等兩天後返回時，才看見官府正在驗屍，圍觀者甚眾。先生佯作不知情，還下車看了看。

先生武功早入化境，遠非尋常人可比，全國各地千里迢迢到武清城裡訪先生者很多，因此先生的武功也是靠實戰打出來的。

當時李家有一個不成文的規矩，凡是上門者，都要熱情款待，但來訪者也都要在「來時露一手，走時留一手」。由於來訪者很多，幾乎是絡繹不絕，所以先生經歷的實戰機會很多，可謂見多識廣。由此各門派留在李派的拳械套路也很多。有好的內容就記載下來。

李瑞東先生雖然家資雄厚，但也因此幾盡家產。由起先的四十餘頃良田，變成了後來的四頃多。俗話說「窮文富武」，可見沒有相當的財力是難以做到的。

李瑞東先生從不向徒弟索要財物，先生傳授弟子基本上是盡義務的。先生有些弟子長期在李宅吃住，只是自覺地從家裡帶些糧食而已。李宅內有一個四合院專門用來住徒弟和客人。

先生對徒弟要求很嚴，練功夫嚴禁偷懶，一經發現，輕則嚴厲訓斥一頓，重則逐出師門。先生有弟子百餘人，著名者近二十來人。

先生有三子二女，均精李派拳法。長女奇英、長子伯英、次子仲英、次女菊英、三子季英，弟子項潤田、李進修、李子廉、張滔、陳繼先、程安和尚、蔣萬和、蔣萬良、文實權、羅子鳴、王鳳鳴、劉子鳴、高瑞周等人均為高手。

民國元年（1912年），袁世凱就任民國大總統，下帖請李瑞東先生赴京擔任其拱衛軍武術總教長一職。同年，先生到天津與盟兄弟李存義、張兆東等人創中華武士會，先生任會長一職（先生逝世後由李存義任會長），會址設在天津中心公園大四合院內（原造幣廠），李派占正房東屋，形意門占正房西屋。

武士會成立後，在中心公園召開了一次全國性的武術比賽，當時稱為「天下英雄會」，李瑞東先生主持了大會，並親任總裁判長。這很可能就是中國歷史上首次全國性的武術比賽，對於當時弘揚民族精神來說，有著十分重要的意義。

中華武士會創立後，到中心公園學習武術的人絡繹不絕，常有軍人排著隊前往學習武術，可謂盛況空前。由此可見，中華武士會的創立，對於推動中國武術的發展，有著不同尋常的意義。這是李瑞東、李存義、張兆東、李書文等老前輩對中國武術

的發展所作出的不可磨滅的貢獻。

1917年農曆臘月二十八日，李瑞東先生從京城回到武清家中過年，因使用煤爐不當，煤氣中毒，於次年正月初一逝世，終年六十六歲。

（摘自網上李氏同門師兄弟文章）

給祖師李瑞東建立紀念碑的全過程

馬金龍2004年創立了北京市武術協會李式太極拳研究會,並首任會長。之後,產生了給祖師李瑞東建立紀念碑的想法。他把自己的想法和大家提出後,有的人就說:「在你之前早就有人想給祖師立碑,但幾次都沒能達到目的,你能立?」馬金龍說:「只要下決心就能辦到!」有的人同意馬金龍的想法,特別是廊坊的張紹堂,還有些師兄弟也支持,這些都增加了馬金龍的信心,他就開始了實施運作立碑的相關事宜。

首先是繪製圖紙。馬金龍有一名山東萊州的弟子,他家是開石材廠的,於是馬金龍就委託其弟子的父親繪製一張圖紙,要求設計方案要美觀大方點。弟子的父親又找到一家專門製碑的廠家繪製了圖紙,按圖造價,包括製作、運輸和安裝,總費用報價為20萬元。馬金龍一聽報價,感到立碑有點

無能為力了。衝著學生老師的面子，對方也沒要設計費，就把設計圖紙送給了馬金龍。

馬金龍拿到圖紙後，找到通州的師兄弟們商量，讓大家一起集思廣益想辦法。其中王寶華師弟提出來說他認識當地的一家石材廠，馬金龍說那太好了，就由王寶華師弟費心跑了一趟。真不錯，對方給山的報價只需6萬元，大家一聽都很高興。

就在準備定貨時，馬金龍應邀參加了張紹堂為他父親掃墓的集會，在現場看到他父親的紀念碑。在簡短的交談中，問及他父親的紀念碑是在哪裡製作的，品質、價格如何等，張紹堂說是在廊坊當地的石材廠製作的。馬金龍就又動心了，連忙說你能不能費點心，把咱們給李瑞東祖師的紀念碑也在他這裡（指廊坊當地的石材廠）製作，張紹堂非常痛快地說沒問題。就這樣製碑之事就委託給張紹堂辦理，在廊坊當地製作，運輸到安裝地點也更近些，這次的報價是5萬元。

接下來是解決資金的問題。籌集資金的事宜由北京市李式太極拳研究會和廊坊市李式太極拳專業委員會共同發起和承辦。

馬金龍的學生李鐵昌聽說資金有困難，馬上對老師說：「您別著急，差多少我兜底！」並開車幾

次陪同馬老師到廊坊與張紹堂等協商製碑和立碑事宜，還邀請師弟陳瑜一起到廊坊、武清參與策劃。立碑資金兩人共出一萬零四百元，列首位。

紀念碑的選材、雕刻、施工過程。都由張紹堂負責，他在百忙之中經常到製碑現場視察。同時，北京馬金龍也和廊坊常通電話聯繫，直到紀念碑運送到安裝地點並安裝完畢。大家對紀念碑設計製作的樣式、品質和規模都很滿意。

碑文是由李氏本家的曾外孫郭洪撰寫。碑地在祖師李瑞東的家鄉天津武清區，是由李式太極拳第四代傳人、天津天真武文化發展有限公司董事長邢啟林提供的，在天真集團院內，土地無償使用，並負責碑體日常的管理和維護。馬金龍又撰寫了立碑紀念冊，李氏門人捐款者人手一份。

2005年清明節，舉行了隆重的李瑞東祖師立碑剪綵儀式。除了廣大的李式太極拳門人和李瑞東祖師的後代家人，馬金龍還邀請了北京市武術院副院長毛新建先生、院長助理張有峰先生及北京體育大學教授門惠豐先生和當地政府的領導到場剪彩。立碑剪綵儀式莊嚴而隆重。

在馬金龍的積極組織下，在多位師兄弟和廣大的李氏門人及友好單位──北京易准科技公司、陳

照奎太極拳社、天津天真武文化發展有限公司和日本友人的大力支持下，尤其是廊坊張紹堂全力協助下，李氏門人終於完成了多年來的一個夙願，為中華武術的傑出代表人物、李式太極拳的創始者李瑞東祖師建立了紀念碑。

馬金龍

2010年5月

練習李式太極拳
《養生健身內功心法》心得

八旬老人的蹲功

　　李式太極拳系列《養生健身內功心法》是一本
獨特的、非常有用的好書。

　　本書由馬金龍先生及其學生唐來偉合著。馬金

龍先生是我國當代著名武術家，是李式太極拳第二代傳人高瑞周先生和北方吳式太極拳掌門人王培生先生的親傳弟子，中國武術八段，李式太極拳研究會首任會長。1981年在全國武術觀摩賽大會上以李式太極拳獲得金獎。先生的弟子包括再傳弟子有數百人之多，遍佈國內及歐、美、澳、日等地。

先生編寫的著作和錄製的光碟甚多，其中《太極五星捶》出版發行後，在全民健身運動中發揮了相當好的作用。

先生現已古稀之年，從10歲起學拳迄今已有六十多年，現在練拳、練功、教拳時仍然精氣神十足，英姿勃勃猶如壯年，堪稱修養身心有成者。先生聰慧好學，博覽群書，拜師訪友，勤學苦練，精研巧思，幾十年如一日，汲取了傳統的儒、釋、道、醫、武等各家各派的養生健身功法的精華，將道家的元氣論、道論，佛家的意識論，儒家的道德論，醫家的氣論，武術的形體要求，民間的訣竅等與現代科學相結合，組創形成了一套獨特的李式太極拳系列養生健身防病強身的功法。

這套實用功法囊括了十四經脈、十五絡脈的經穴健身養生按摩，「噓、呵、呼、呬、吹」五字養生法、捧氣貫頂法、八段錦、易筋經、經絡導引、

百練不如一走的蹚泥步。

本書分兩部分，第一部分介紹了17種主要功法及其功理。基本要點，操作要領和作用並對功法中每一具體動作加以分解說明。第二部分介紹了14種動轉基本功。

這套養生健身功法編創在深厚的理論基礎之上。功法以經絡學說為基礎，強調循經取動、循經取穴、循經作勢、以指代針、練功歸經以取得顯著效果。

功法以氣血理論為核心，著重於氣，血來源於氣、流動於脈內。氣能生血、行血、攝血，故曰血為氣之府，氣為血之帥，氣行則血行，氣滯則血淤。血為氣之守、血能藏氣，故稱氣者人之根本。人之有生全賴此氣，氣和則安，氣亂則病，氣散則死。這說明氣血特別是氣與人體健康和生命密切相關。以導氣為根本，注重疏導氣機，以活血、行血，抓住了氣血理論的精髓。

功法以陰陽五行為指導，辨證施治。陰陽的對立統一，在生理上是互相聯繫的，只有經常保持相對的陰陽平衡，才能維護正常的生理活動，人才是健康的人。每一功法、每一動作都貫穿著調整陰陽的基本理念。

　　功法以導引養生相結合，尤重養性。養性是指人的心理鍛鍊和精神修養，它包括人的思想、品德、道德、文化、處世等各方面修養在內的養生方法。傳統養生學歷來以修心養性為本，提倡積精全神、恬淡虛無、精神內守，使志無恕等，以達到「修行以保神、安心以全身」這就是古人所說的「長壽原有術，養性是根本」的內涵。

　　全套養生健身功法是以自身形體活動、呼吸吐故、心理調節相結合為主要養生健身的民族傳統活動功法。這在古書裡就有用習練「宣導鬱淤」「通利關節」的形體動作來防病治病的記載。

　　先生創編的這套功法有如下顯著特點：

　　一是既吸收了傳統功法的精髓，又體現了時代的特色，是傳統文化的繼承和發揚。

　　二是博採眾長，不分地域流派、專家或民間，只要是廣為流傳，深受廣大人民所喜愛，又見諸實效的，無不吸取融化於內，是集體智慧的結晶。

　　三是堅持中西醫、中華武術與體育結合，透過實踐觀察和修改，具有較為明顯的養生健身效果。

　　四是動作簡練、形態優美，比武術更易學習。

　　本套功法中要求練養結合。一般來說運動量大較吃力者為練，運動量小、多吸氣養氣者為養；抻

筋拔骨、疏通經絡、內氣運行才能更好地養氣，即以通為養。總的講開與放是練，合與收是養，抓住練功中的「養」，就是抓住了練功中的關鍵。

此功法動作的特點是舒展緩慢、柔和勻稱、圓活連貫、鬆緊結合、動靜相間、神與形合、氣寓其中。習練要領是鬆靜自然，道法自然，放鬆入靜，相輔相成，準確靈活，練養相間，練中有養、養中有練，循序漸進，持之以恆。

在本功法的習練中還必須自覺地運用「捧氣貫頂」「噓、呵、呼、呬、吹五字訣」「樁功」「經穴按摩」等基本功法。其中：

「捧氣貫頂」是用手捧起大自然界混元之氣貫入頭頂，由此進入全身，以疏通全身脈絡，打通人體關竅、穴道，使氣脈和暢；

「噓、呵、呼、呬、吹」五字訣是一種呼吸配合發音的氣功治病方法，屬於呼吸吐納功範疇。實驗證明，練五字訣對肝、心、脾、肺、腎的生理功能的恢復很有好處；

「樁功」是太極拳內功法，以站樁的形式來練習意、氣、力、勁、功，在靜態中體驗陰陽內在的轉換規律，靜以致動。「百練不如一站」是太極拳拳諺，指站樁是中國武術中獨具特色的訓練方式，

透過特殊的靜態練習，使形體放鬆，神情安然，內氣順暢，使功法體用兼備，沒有內在基礎的拳架，乃無根之木、無源之水，拳界又有「練拳無樁步，房屋無立柱」之說。故站樁為練習太極拳、養生健身不可缺少的必修課，是最基本的基礎功法。

「經穴按摩」是運用手法的剛柔刺激，引起體表局部組織發生生理反應，促使血液循環加速、疏通經絡、行氣活血、消腫止痛。

習練「養生健身功」首先要樹立正確的養生觀。

第一，中國傳統養生法一貫主張「靜養為攝生首務」，得神者昌，失神者亡，以靜養神、靜則少費而神藏。

第二，以動養形，動勿過極，形乃神之宅，有形後有神，故保養形體至關重要。以適度運動為先，一身動則一身強。

第三，形體共養，著重養神。

第四，調補先天，固腎強腰。

第五，補益後天，和胃健脾。

第六，未病先防，防重於治。

第七，均衡發展，健內助外。

第八，天人合一，順乎自然。

中國養生學是以充分調動自身體內潛在的生命力，主張「節」與「和」，使人體各種機能不受傷害為其主要特點。人們無病時用於預防，有病時用於治療，病後用於康復。

中國養生學在強調養練結合，尤重養性的同時，還十分重視道德修養，高尚的道德修養是練功者必須具備的，修德和練功如鳥之兩翼，車之兩輪，缺一不可。自古以來，練功習武者皆以德為先，「德為功之母」。

實踐證明，修德有益於身心健康。所謂「仁者

八旬老人的紮頭功

壽」「與人為善者壽」「大德必得其壽」。可見，加強道德修養對健康長壽大有裨益。

生長、強壯、衰老是人生不可抗拒的自然規律，但要靠自己動手去推遲衰老，讓自己多享受一些健康美好的生活是完全可以做到的。

八旬老人　畢洪

2007 年 7 月 5 日

拍手爲何能治病

為什麼拍拍手，就可能令人「精神舒暢」「神清氣爽」「性能力增強」，而且還能治療身體上情況不佳的地方？首先，我必須先說明區域治療法（反射帶療法）的基本知識。

人類的頭、內臟、軀幹、肌肉……凡身體上所有的部分，都會反射出現在手的各部位上，叫做手掌反射區。

在兩手的手掌和手背上，一定有對應身體各器官或各部位的部分。對應在手上時，胃還是稱為胃，肺即肺，胰臟亦稱胰臟，名稱沒有太大的變動。這個對應的部分（反射的部分）就稱為區域（請見左右手的反射區域圖）。

每天對區域（反射區）分別刺激或多次拍手之後，對應於該部位的內臟，亦將隨之活性化。有不適的地方，也可以達到治病的效果。如果感到胃

痛，就每天細心地按摩手掌上的胃區或不斷拍手。喉嚨疼痛的時候，指壓對應喉部的反射區或不斷拍手，病情可以得到緩解或治癒。相反地，按摩手掌或拍手時，如果發現有疼痛點，可能是對應該區的內臟或器官有異常。

　　總之，此法不僅可以自己調整身體不佳的部位，也能夠發現身上的疾病。比方說，指壓腎臟區時，幾乎要讓人痛得跳起來，那麼，可能是腎臟的機能有了問題。因此，請小心仔細地按摩該區域加以刺激或強烈地拍手，促凝聚在該部位的身體廢物、乳酸及尿酸化解，隨尿液一起排出體外，借此可以達到治療腎臟不佳的地方。

　　事實上，真的這麼簡單就可以治癒身體狀況不佳的地方嗎？手掌上真的有這種魔力嗎？

　　仔細想一想，我們每個人應該都有一次到兩次的經歷，當身體不適或有各種異變時，都會敏感地出現在手上，例如，觀賞激烈的運動比賽，或是碰到令人緊張的場面時，不知不覺手上便冒出了許多汗；發高燒之後，手掌乾巴巴的，皮膚也脫皮了。

　　測謊器也是根據與腦的運動及神經緊張有密切關係的「手掌冒汗」為原理製造而成的。這個例子說明了手並非單獨存在的，事實上，它反映出與身

體的內部有不可分的關係。

刺激手以求治癒的療法，自古以來就一直被採用。古代埃及的壁畫上就已經有類似的圖案表示。現在非常盛行的近代區域治療法，是由美國的耳鼻科醫師——費茲葉拉爾博士所提倡，並將之體系化，這是 20 世紀初期發生的事情。費茲葉拉爾博士發現手部有著不可思議的力量。在博士的患者中，凡在手術中不喊痛的患者，他們都以手指緊緊握儀表手術椅把手的角。也就是說，將指腹用力壓在椅子的角上，藉以抑止疼痛。據說，博士是由此而發現手部病理區域。

後來，仔細觀察婦產科的患者，可以發現孕婦們在生小孩的時候，都一致以手掌上接近手腕的部分，緊緊附在固定台的扶手上。讀者們讀到這裡，大概已經明白了，手掌上接近手腕的部分是生殖器的反射區域，所以孕婦們在生產的時候，很自然地將手按在固定台的扶手上，藉以抑制疼痛，使生產過程能順利進行。

由於這個契機，博士抓住手的反射帶的想法，前往德國進行研究，並結合德國自古即有的民間療法，構成目前手掌病理按摩療法或拍手能治病的基礎。在歐美，開始使用手部療法是在 20 世紀初，

歷史已非常悠久。

　　手掌病理按摩療法原先在德國、瑞士流行，傳到法國、英國、丹麥、美國之後大為盛行。據說，在丹麥的婦產科醫院中，為了減輕孕婦生孩子的痛苦，醫院設有專用設備用以刺激孕婦的手、腳以達到無痛分娩之效果。

　　與東方國家比較，醫療費用異常昂貴的美國，凡是感冒、胃不舒服、吃壞肚子等不太嚴重的疾病，也常有人不去看醫生的。甚至連正式的醫療機構都採用手部刺激的事實，一度成為電視上的熱門話題。

　　拍手確能治病，不必懷疑。

　　儘管在本書中舉了那麼多例子，仍然有人對於用「手」是否真的可以治病抱著很大的懷疑。在此，讓我對人體的「反射區域」作更進一步的說明。

　　在醫學上，內臟或身體器官的任何一個部位有異常時，對應於該部位的身體表面，通常會出現硬塊或感覺疼痛，由此可察覺疾病。這個情況，在醫學上稱為內臟體壁反射。

　　例如，腎臟不好的時候，不僅體內的腎臟周圍，而且臉部、頭部、背部、手、足等部位，整個

身體表面所有對應腎臟的反射區，都會出現硬塊及疼痛的感覺。甲狀腺發生異常的時候，臉部、背部及頭部……的甲狀腺反射區，都會出現硬塊及疼痛的感覺。位於手部的甲狀腺反射區，一經受到指壓，一定會痛得跳腳。

又如，我家附近有一位年輕的太太，每次遇到我，總是抱怨說：「背部好痛！好痛！」論年齡，應該不會痛個不停啊！令人百思不解，我勸她最好去看醫生，接受醫生診斷比較好。我想大概是她的腎臟或肝臟有問題，在背部的反射區上出現疼痛所造成的。結果不出我所料，到醫院接受治療後她告訴我，肝臟及胃出了毛病。

仔細想想，大部分人應該都有過這種經驗。肩膀僵硬酸痛，卻又不記得做過什麼而引起肩膀僵硬的事，檢查之後，就發現係眼鏡度數不合、胃不好等原因所造成。像這類的情形，完全是內臟的病變反射在身體表面的結果。

手上也具備了相同的反射區。刺激該反射區，使內臟活性化，這就是我們所說的手掌病理按摩療法或拍手療法。

手掌病理按摩療法或強烈拍手療法的優點，完全不具危險性。在手上沒有所謂弄錯指壓地方而產

生危險的所在處，因此，無論是誰都可以安心進行。原本打算按摩胃部區域，即使按到附近的甲狀腺或頭部區域，也不會有任何傷害。當然，拍手更沒有任何傷害了，可以任意隨便地拍，因此說，它是一種安全性極高的療法。

手非常便於治療。背部、頭部或腳底的按摩，在他人面前總是不太雅觀，而且獨自一個人來做，也可能不太容易。如果以手部反射區來進行治療，那都可以隨心所欲了。

與胸部、腳部或其他的反射區相比較，人們可能認為由於手部有利於治療，效果上可能多多少少會打折扣。但是，事實剛好相反。比較手部與腳部反射區的療效時，手部的效果就持續得較為長久。假如拼命地刺激腳底，本以為感覺非常舒服，結果因為立即站起來走路，致無法保持調整後的狀態，治療效果亦隨之而減弱了。而在手部位上治療效果不僅持續力較高，也比較顯著。所以說，按摩手部反射區或強烈拍手（進行刺激）的病理療法既簡單易行又安全，效果又好，應該大力推行。

摘自臺灣侯秋東醫師《拍手健身治百病》

腧穴圖譜

我經過 30 多年的實踐，採取機械強制性的按摩方法，對人體的從頭到腳各部位的穴位以按、摩、擊、拍、俯、仰、紮頭及武術基本功的動作進行鍛鍊。為了方便練習者學習，特增加了中醫針灸圖譜。

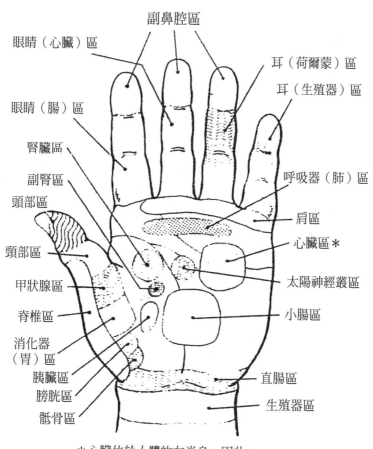

眼睛（心臟）區

副鼻腔區

耳（荷爾蒙）區

耳（生殖器）區

眼睛（腸）區

腎臟區

副腎區

頭部區

頸部區

甲狀腺區

脊椎區

消化器
（胃）區

胰臟區

膀胱區

骶骨區

呼吸器（肺）區

肩區

心臟區＊

太陽神經叢區

小腸區

直腸區

生殖器區

＊心臟位於人體的左半身。因此，
「心臟區」只出現在左手掌上。

左手的反射區

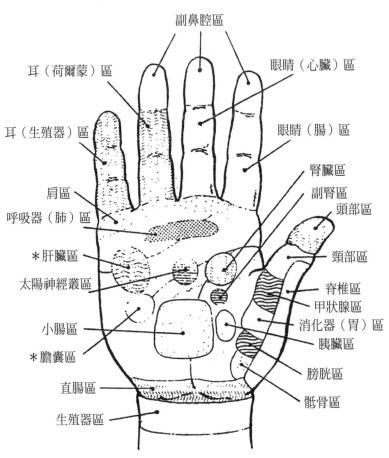

副鼻腔區

眼睛（心臟）區

耳（荷爾蒙）區

耳（生殖器）區

眼睛（腸）區

肩區

呼吸器（肺）區

腎臟區

副腎區

頭部區

頸部區

＊肝臟區

太陽神經叢區

脊椎區

甲狀腺區

消化器（胃）區

胰臟區

小腸區

＊膽囊區

膀胱區

直腸區

骶骨區

生殖器區

＊肝臟與膽囊位於人體的右半身，因此，「肝
臟區」、「膽囊區」，只出現在右手掌上

右手的反射區

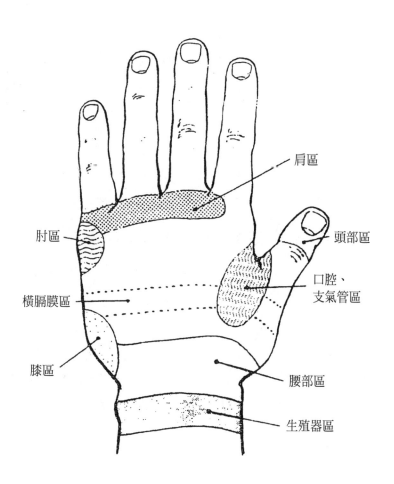

肩區

肘區

頭部區

橫膈膜區

口腔、
支氣管區

膝區

腰部區

生殖器區

左手背的反射區

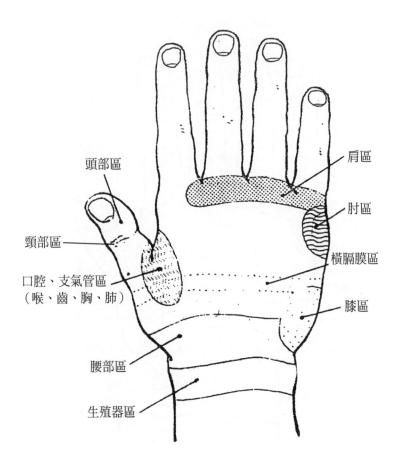

頭部區

肩區

肘區

頸部區

口腔、支氣管區
（喉、齒、胸、肺）

橫膈膜區

膝區

腰部區

生殖器區

右手背的反射區

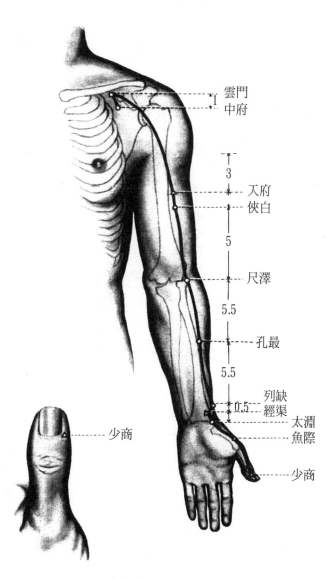

雲門
中府

3

天府
俠白

5

尺澤

5.5

孔最

5.5

列缺
經渠
0.5
太淵
魚際

少商

少商

手太陰肺經經穴

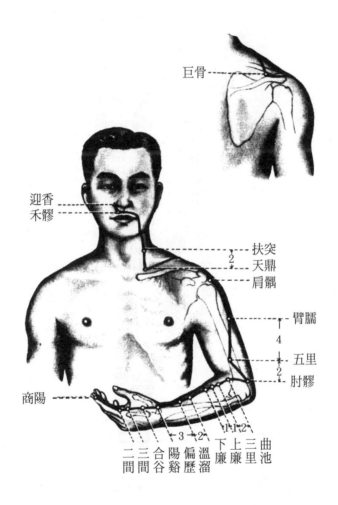

巨骨

迎香
禾髎

扶突
天鼎
肩髃

臂臑

五里
肘髎

商陽

二間
三間
合谷
陽谿
偏歷
溫溜
下廉
上廉
三里
曲池

手陽明大腸經經穴

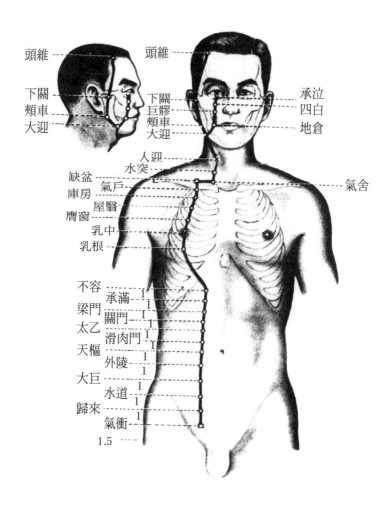

頭維

頭維

下關
頰車
大迎

下關
巨髎
頰車
大迎

承泣
四白
地倉

人迎
水突

缺盆
庫房

氣戶

氣舍

膺窗

屋翳

乳中
乳根

不容
梁門
太乙
天樞
大巨
歸來

承滿
關門
滑肉門
外陵
水道
氣衝

1.5

足陽明胃經經穴（1）

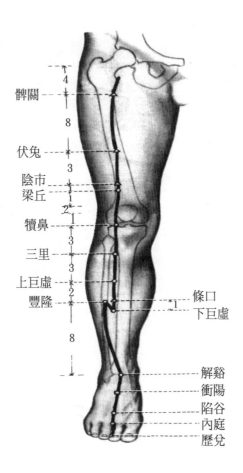

髀關

伏兔

陰市
梁丘

犢鼻

三里

上巨虛
豐隆

條口
下巨虛

解谿
衝陽
陷谷
內庭
歷兌

足陽明胃經經穴（2）

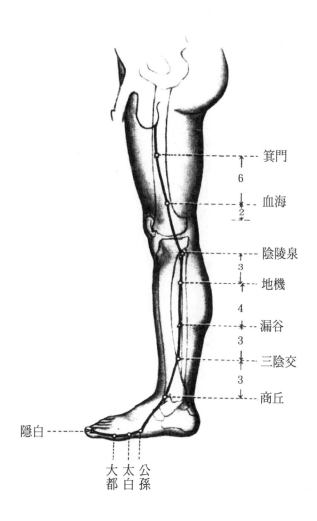

箕門

6

血海

2

陰陵泉

3

地機

4

漏谷

3

三陰交

3

商丘

隱白

大　太　公
都　白　孫

足太陰脾經經穴（1）

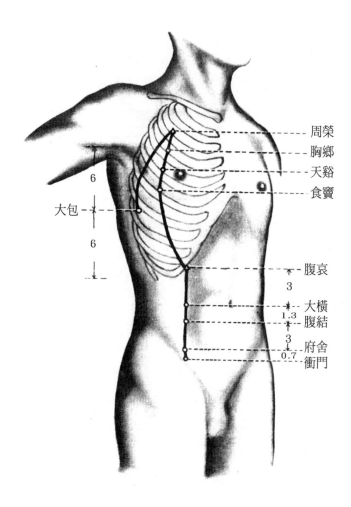

周榮
胸鄉
天谿
食竇

大包

6

6

腹哀

3

大橫
腹結

1.3

3

府舍
衝門

0.7

足太陰脾經經穴（2）

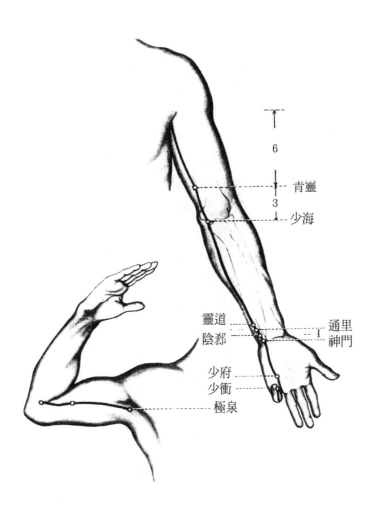

6

青靈

3

少海

靈道

陰郄

通里

神門

1

少府

少衝

極泉

手少陰心經經穴

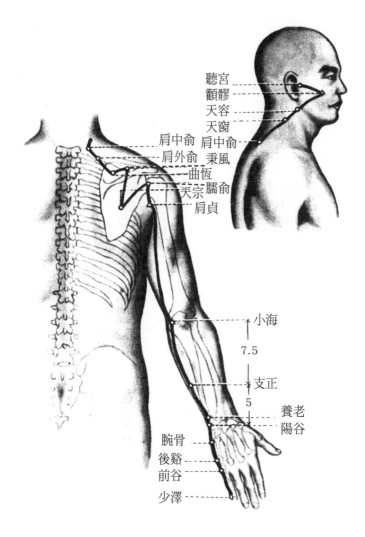

聽宮
顴髎
天容
天窗
肩中俞　肩中俞
肩外俞　秉風
曲恆
天宗　臑俞
肩貞

小海

7.5

支正

5

養老
陽谷

腕骨
後谿
前谷

少澤

手太陽小腸經經穴

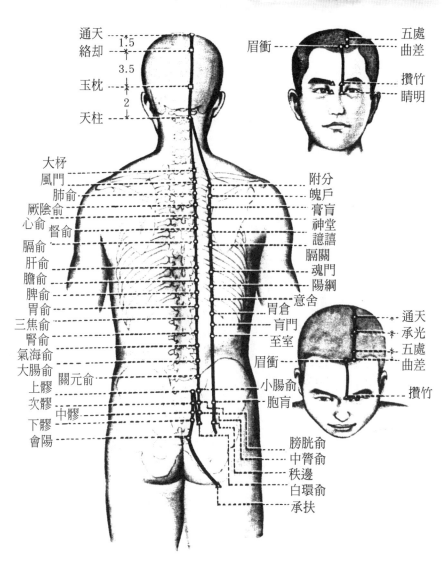

通天
絡却
玉枕
天柱

眉衝
五處
曲差
攢竹
睛明

大杼
風門
肺俞
厥陰俞
心俞
督俞
膈俞
肝俞
膽俞
脾俞
胃俞
三焦俞
腎俞
氣海俞
大腸俞
關元俞
上髎
次髎
中髎
下髎
會陽

附分
魄戶
膏肓
神堂
譩譆
膈關
魂門
陽綱
意舍
胃倉
肓門
至室
眉衝
小腸俞
胞肓

通天
承光
五處
曲差
攢竹

膀胱俞
中膂俞
秩邊
白環俞
承扶

足太陽膀胱經經穴（1）

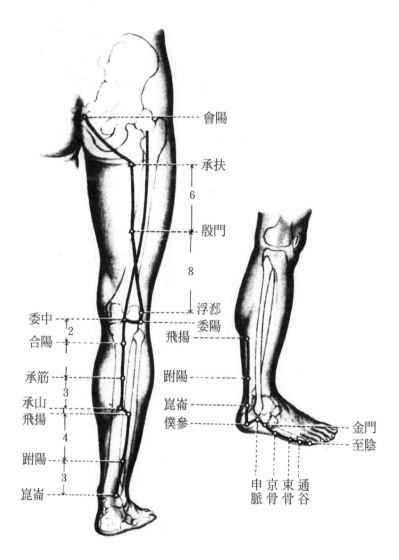

會陽
承扶
6
殷門
8
浮郄
委中
委陽
合陽
飛揚
承筋
跗陽
承山
崑崙
飛揚
僕參
跗陽
崑崙
2
3
4
3

金門
至陰

申脈　京骨　束骨　通谷

足太陽膀胱經經穴（2）

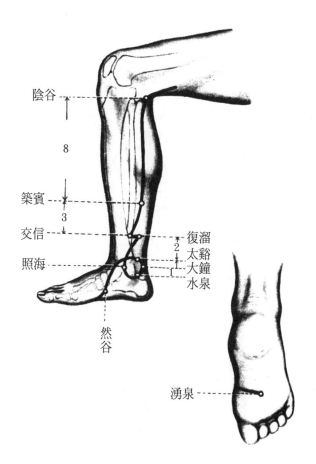

陰谷

8

築賓

3

交信

復溜
太谿
大鐘
水泉

照海

2

1

然谷

湧泉

足少陰腎經經穴（1）

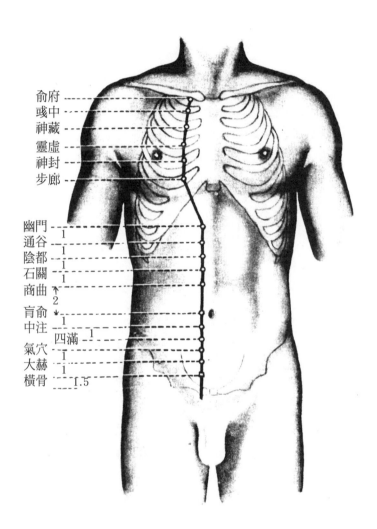

俞府
彧中
神藏
靈虛
神封
步廊

幽門
通谷 1
陰都 1
石關 1
商曲 1
2
肓俞 1
中注
氣穴 四滿 1
大赫 1
橫骨 1.5

足少陰腎經經穴（2）

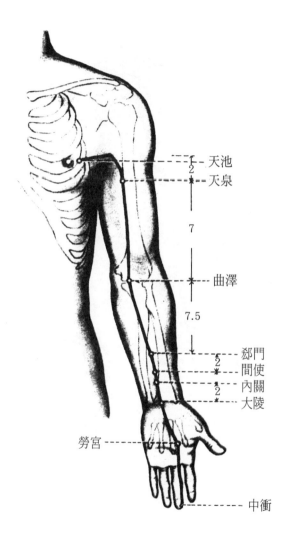

天池

天泉

2

7

曲澤

7.5

郄門

間使

2

內關

2

大陵

勞宮

中衝

手厥陰心包經經穴

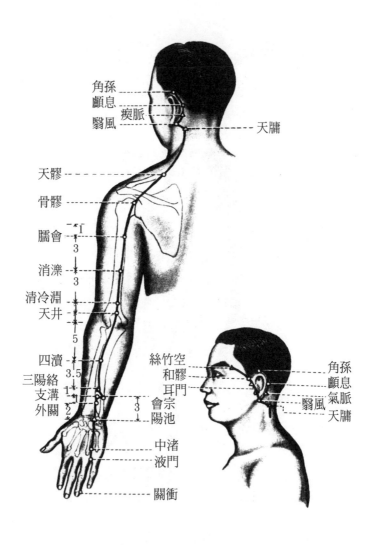

角孫
顱息
翳風　瘛脈
天牖
天髎
骨髎
臑會　1　3
消濼　3
清冷淵
天井　5
四瀆　3.5
三陽絡　1
支溝
外關　2

絲竹空
和髎
耳門
會宗
陽池　3
中渚
液門
關衝

角孫
顱息
氣脈
翳風
天牖

手少陽三焦經經穴

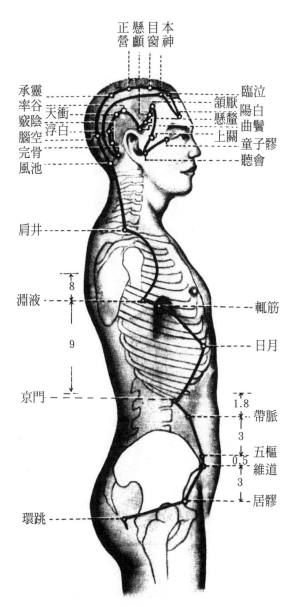

足少陽膽經經穴（1）

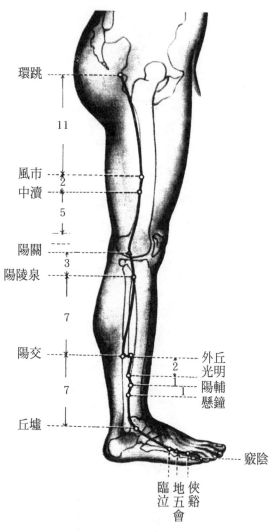

環跳

11

風市
中瀆

2

5

陽關

3

陽陵泉

7

陽交

外丘
2
光明
1
陽輔
1
懸鐘

7

丘墟

竅陰

臨 地 俠
泣 五 谿
   會

足少陽膽經經穴（2）

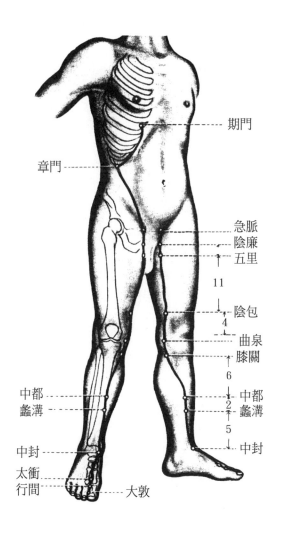

期門

章門

急脈
陰廉
五里

11

陰包

4

曲泉
膝關

6

中都
蠡溝

中都
蠡溝

2

5

中封

中封

太衝
行間

大敦

足厥陰肝經經區

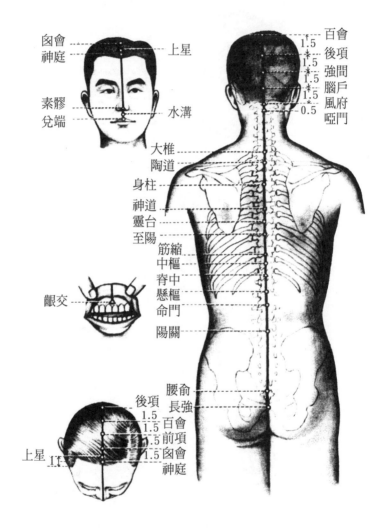

督脈經穴

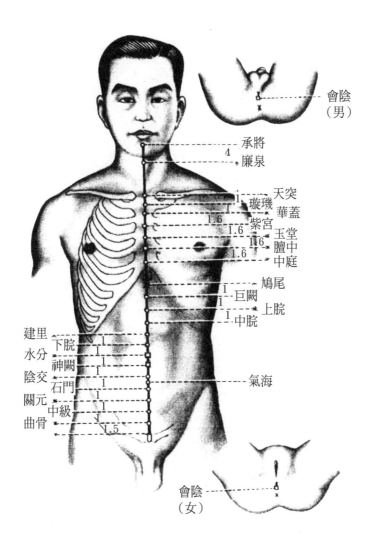

會陰
（男）

承將
廉泉

天突
璇璣
華蓋
紫宮
玉堂
膻中
中庭

鳩尾
巨闕
上脘
中脘

建里
水分　下脘
陰交　神闕
石門
關元　氣海
中級
曲骨

會陰
（女）

任脈經穴

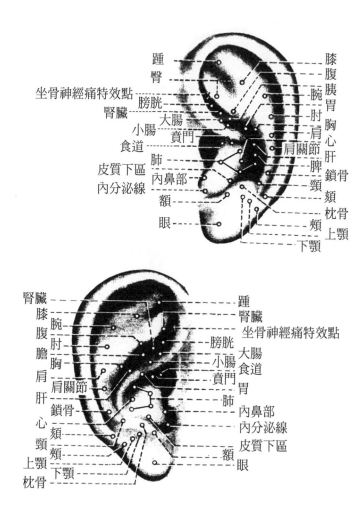

耳針療法刺激點

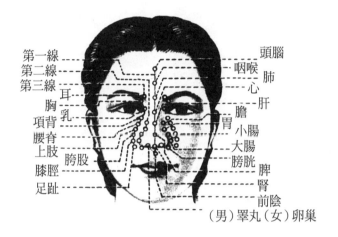

第一線
第二線
第三線
耳
胸　乳
項　背
腰　脊
上肢
膝脛　胯股
足趾

頭腦
咽喉　肺
心　肝
膽
胃　小腸
大腸
膀胱　脾
腎
前陰
（男）睪丸（女）卵巢

鼻針療法刺激點

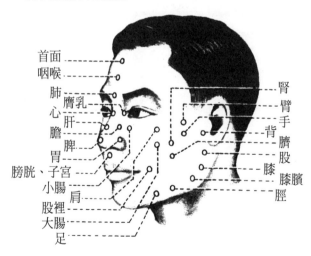

首面
咽喉
肺
心　膚乳
膽　肝
胃　脾
膀胱、子宮
小腸
股裡　肩
大腸
足

腎
臂
手
背
臍
股
膝
膝臏
脛

面針療法刺激點

導引養生功

全系列為彩色圖解附教學光碟

張廣德養生著作　每冊定價350元

 疏筋壯骨功
 導引保健功
 頤身九段錦
 九九還童功
 舒心平血功

 益氣養肺功
 養生太極扇
 養生太極棒
 導引養生形體詩韻
 四十九式經絡動功

輕鬆學武術

 二十四式太極拳
 四十二式太極拳
 八十八式太極拳
 三十二式太極劍
 四十二式太極劍
 二十八式木蘭拳

 三十八式木蘭扇
 四十八式木蘭劍
 簡化太極拳
 楊式太極拳
 太極拳
 陳式太極拳

 太極劍
 太極劍

太極跤

 太極防身術
 擒拿術
 中國武摔角
 太極角

彩色圖解太極武術

養生保健　古今養生保健法　強身健體增加身體免疫力

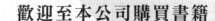

歡迎至本公司購買書籍

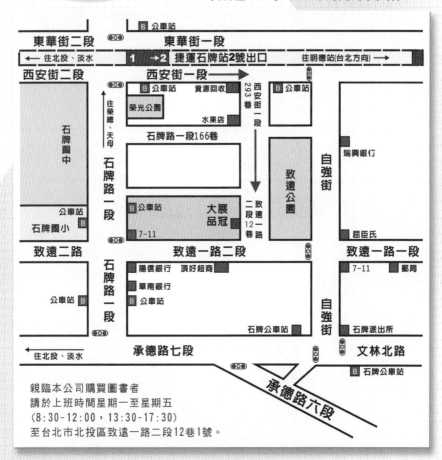

親臨本公司購買圖書者
請於上班時間星期一至星期五
(8:30-12:00，13:30-17:30)
至台北市北投區致遠一路二段12巷1號。

建議路線
1.搭乘捷運
　　淡水信義線石牌站下車，由月台上二號出口出站，二號出口出站後靠右邊，沿著捷運高架往台北方向走(往明德站方向)，其街名為西安街，約80公尺後至西安街一段293巷進入(巷口有一公車站牌，站名為自強街口，勿超過紅綠燈)，再步行約200公尺可達本公司，本公司面對致遠公園。

2.自行開車或騎車
　　由承德路接石牌路，看到陽信銀行右轉，此條即為致遠一路二段，在遇到自強街(紅綠燈)前的巷子左轉，即可看到本公司招牌。

國家圖書館出版品預行編目資料

太極拳養生內功心法／馬金龍／唐來偉　著
——初版——臺北市，大展，2019〔民108.03〕
　　面；21公分——（養生保健；60）
　　ISBN 978-986-346-240-8　（平裝附數位影音光碟）
　　1. 太極拳
528.972　　　　　　　　　　　　　107023891

太極拳養生內功心法 附DVD

著　　者/馬　金　龍/唐　來　偉

責任編輯/張　建　林

發 行 人/蔡　森　明

出 版 者/大展出版社有限公司

社　　址/台北市北投區（石牌）致遠一路2段12巷1號

電　　話/（02）28236031・28236033・28233123

傳　　真/（02）28272069

郵政劃撥/01669551

網　　址/www.dah-jaan.com.tw

E-mail/service@dah-jaan.com.tw

登 記 證/局版臺業字第2171號

承 印 者/傳興印刷有限公司

裝　　訂/眾友企業公司

排 版 者/千兵企業有限公司

授 權 者/人民體育出版社

初版1刷/2019年（民108年）3月

定　價/380元

大展好書　好書大展
品嘗好書　冠群可期